15分钟练出完美线条

85套超快速塑身法，433种超有效的运动

THE WOMEN'S HEALTH

BIG BOOK OF 15 MINUTE WORKOUTS

A LEANER, SEXIER, HEALTHIER YOU--IN 15 MINUTES A DAY !

每次只要15 分钟，
零赘肉的魔鬼身材不是梦！

SELENE YEAGER （美）S.耶格尔 著 祝宁 译

北方文艺出版社

审订者 序

女性过了20岁之后，每年会流失0.2公斤的肌肉。

由于肌肉比脂肪多消耗五倍的热量，因此，除非你主动多做运动，否则就会像美国的女性一样，在20岁到50岁之间，平均流失7公斤的肌肉，并且增加20公斤的脂肪。相同重量的肌肉和脂肪，脂肪的体积是肌肉的五倍，这也说明了为什么相同体重的两个人，体脂肪多的人看起来比较胖。此外，如果你的身体能减少1公斤脂肪、增加1公斤肌肉，就可以增加6公斤的肌力。较多的肌肉质量，不仅可以提高基础代谢率，让你看起来更紧实，在应付日常生活所需的力量上也相当重要。

想要增加肌肉量，除了训练肌力之外，营养的摄取以及饮食的时间也很重要。肌肉跟脂肪竞争营养素，在运动的过程中就已经展开。运动过后，肌肉的竞争力会随着时间而衰退，因此运动后30分钟内是补充营养素的黄金时段，并且宜在两小时内尽快补充。

许多研究均指出，规律的肌力训练具有以下优点：帮助肌肉取代脂肪、消耗更多卡路里、保持身体状态的年轻、穿衣服时更能展现线条、增进睡眠质量、强健骨骼(35岁以后，女性每年约流失1%的骨质，在更年期之后更增加2–3倍)、增加柔软度、预防心脏病及糖尿病(过高的内脏脂肪可能引发代谢综合征，而重量训练能有效燃烧内脏的脂肪)、预防癌症、变得更聪明、提升抗压性，让你的人生更快乐、工作效率更佳、更有朝气和自信等。

既然运动有这么多优点，为什么运动的人不多呢？你八成会说：我没有时间运动。近年来许多学者开始研究高强度间歇训练(HIIT)是否可以达到“一分耕耘、十分收获”的效果？英国Bath大学(2011)的研究发现：每周三次、每次全速冲刺20秒钟，加上热身与缓和运动，只要花短短的10分钟，在六个星期后，胰岛素功能就能改善28%，最大有氧能力也能提升12%到15%。研究团队更指出：由于高强度运动所消耗的是肌肝糖，所以在运动过后，肌肉需要从血液中提取肌肝糖以重新储备。不常运动的人，肌肉很少执行这样的过程，所以胰岛素也变得不敏感。透过本书各项15分钟的训练，将可唤醒你的身体，让身体感觉到“这是来真的”，并因此制造出更多线粒体，促进分泌燃脂所需的肾上腺素和生长激素，同时提高胰岛素的敏感度，也锻炼到你的快缩肌纤维。

当你打算开始打造紧实性感又健康的全新形象时，可能会产生的疑问是：我要练什么动作？这个动作要怎么做？做几下、做几组？休息多久？一周训练几次？该怎么吃？在《15分钟练出完美线条》这本书中，你的疑问都能得到解答。

本书介绍得非常详细，而且针对不同目的设计出不同的训练计划。更重要的是，本书不仅提供各式各样的训练动作，还有相关研究佐证，说明选择这些动作的优点。

《15分钟练出完美线条》包含快速减重饮食计划，全身雕塑训练计划，臀部、腿部、肩膀、手臂、背部塑身计划，核心肌力训练，高强度间歇训练，各种身形、特殊器材及随处都能运动的塑身计划等，按照不同的部位或是你想训练的肌群，呈现多元的训练方式，并以清晰的动作和图片(模特儿很漂亮)，附注简单幽默的文字叙述，让你可以自由选择符合个人需求的运动。动作由简单到进阶，由单一到复杂，对于刚入门的初学者而言，不必担心训练动作太难；对于运动爱好者而言，则可将这些有效的训练方式加入自己的运动计划中；对于具有体育专业的健身教练而言，本书充分且多元的训练方法，因为具有学理根据的知识背景，也可拿来当成不错的指导教材。

本书囊括85套快速塑身计划、433种运动及瘦身饮食计划。每周只需挪出4个15分钟，不一定要上健身房(除非你想出门)，就能雕塑出纤实的大腿、浑圆的翘臀，并且散发年轻的朝气与自信。让我们一起努力吧！

审订者
吴慧君 博士
台湾运动生理暨体能学会副理事长
中国文化大学体育学系暨运动教练研究所教授

目录

序言：
15分钟的秘密

为什么
仅用15分钟
就能减轻体重、塑造体形
获得梦寐以求的身材？

“我没时间运动。”

这句话是不是听来很耳熟啊？（赞成的请举手！）我打赌必然如此。（把手放下来吧。）根据一次次的调查结果，这是女性给出的“为什么不去锻炼”第一原因。事实也的确如此：我们真的感到时间紧张。繁忙的工作，琐碎劳累的家务，还要花时间进行社交生活，从这样的一天中挤出一个小时，似乎是不可能实现的事。但是，你并不需要花整整一个小时来开始一个有效的塑身计划，甚至可以说，半个小时也用不到。我们想让你一起来分享这个小秘密：塑造苗条、性感、健康的体形，仅仅需要15分钟。

15分钟的秘密

如果你合理地分配时间，就能在每周6次、每次15分钟的运动中，使体形得到极大改善。根据2010年10月发表在《欧洲应用生理学》杂志的研究结果，15分钟的抗阻训练与35分钟的训练相比，对运动后72小时内的静息状态能量消耗的提升是等效的。这就意味着，你可能只需要花费设想中的一半的时间，就能够消耗热量，使肌肉塑形，获得自己想要的完美体形。而且，比起在健身房消耗漫长的时间，你更有机会通过快速健身变得苗条。《国际运动医学》杂志中的一项研究发现，想减肥的妇女如果把运动时间控制在15分钟内，那么减肥运动就更容易坚持下去。

这一点很重要。你应该经常能够腾出15分钟的空余，对吧？如果你把每次说或者每次想“我没有时间”这件事情花费的每秒钟都累加起来，这个时间应该也不止15分钟了。这就是为什么我们这种革命性的快速健身塑形计划的每一部分都是15分钟运动的原因所在。这个15分钟的运动，并不是30分钟的运动减为一半的运动，而是经过科学的设计，这些15分钟的运动既有效果，又节省时间，因此你可以花最少的时间达到最好的塑身效果。每多一秒钟的锻炼，都会让你比之前有进步。如果你采用这种锻炼方式，那将是更明智、更快速的锻炼，而不是更长时间的锻炼。

你会发现，这些运动几乎可以让你的小腹马上变平坦，让你的脂肪迅速消耗掉，速度如此之快，以至于你来不及买一条瘦一点的裤子；这些运动可以让你胖乎乎、松松垮垮的胳膊和大腿变得紧致、结实、平滑，你会随时随地想展现身体的完美线条。这本书里的每一组动作都经过实际测试，都在最新的研究中进行了验证。只要运用我们的快速塑身计划，你将在生活中看到最快的结果！

为了让本书所教授的健身效果更佳，世界顶级训练专家专门为各种形式的运动和各种特殊情形下的运动，提供了诸多最前沿的15分钟运动方案，例如第十五章的瑜伽促进代谢，或者佛罗里达州博卡拉顿的人类行为研究所的胡安·卡洛斯为繁忙旅行设计的锻炼，这些内容都可以帮助雕塑细长的肌肉线条。本书中的一些建议和运动来源于业界最著名的专家，其中包括《男性健康》杂志的老朋友马克·沃斯特根，他是《核心锻炼》这一石破天惊一书的作者，也是位于凤凰城的运动员中心的老板；还有圣塔莫妮卡的运动生理学家“春季拓荒者”艾米·狄克逊，以及洛杉矶的好莱坞的形体训练专家瓦莱丽·沃特斯。

无法摆脱恼人的头疼？那么，睡眠专家哈斯塔娜·萨尼为你提供少量运动即可缓解头痛的方法。我们甚至根据某些女性的特殊体形创造了一些运动，因此，如果你决定花时间去改变自己的梨形身材，书中特制的训练动作可以帮助你。除了打理身体的外观，照顾身体的感受也很重要，因此我们专门请专家为你传授一些增进性生活品质的运动，用一整章的内容帮助你的性爱生活更加完美（你好，核心高潮！）。

在快速健身计划中，你将学会如何将这些运动整合在一起达到巅峰效果。如果联合了我们的快速减重体系，你甚至可以甩掉更多的体重和赘肉，甚至能更快地把自己套回到苗条的牛仔裤中。准备好开始了吗？很好！让你引人注目的15分钟，很可能马上就要来临了！

生活中多出来的每一分钟

以下的15种方法，可以让你每天多出15分钟运动时间！
不要浪费宝贵的时间去做不必要的事情

1. 关闭“脸书”

如今，我们每个月花在脸书上的时间长达7小时。让我们简单算一下：一个月7小时，那么每周就是105分钟，猜猜结果？正好每天15分钟！你也不必将脸书完全从生活中丢掉，不过，可以把每天消耗在脸书的时间限定在两个特定的简短时段，比如，每天在早晚咖啡时间浏览一下即可，随后就退出登录，保持关闭状态。

2. 说“不！”

女性很难做到这一点，不过，我们认为一旦你尝试这么做了，你会很享受这个做法。下一次如果有人（这人可不能是你的大老板）让你做一些你确实不太想做的事情，或者不必做的事情，你就要说：“很抱歉，我确实不能做。”然后感受一下这种自由——所有的自由时间——从你身边流过。

3. 巅峰时刻的规划

我们所有人每天都会有些时间注意力非常集中，而且做事效率也最高。你可以安排一下自己的时间表，将最重要、最艰巨的任务安排在这段时间（对大多数人而言这段时间都是在早上，比如说早上9点）。在这段时间解决问题，要比在自然的低点状态时（比如说午后）更快、更有效。

4. 一段时间内只做一件事情

我们很自豪可以同时身兼数职，但是，尝试做多种事情也意味着什么都没做。请安安静静地坐下来给需要做的事情列一张表，选择其中的一项，做这一项，并且只做这一项。你将会很惊异：将所有的精力和注意力都投入到一件事情中，每一件事情都会很快地完成。

5. 记录电视秀的时间

典型的一小时长的电视秀，通常真正的内容播出时间是40~42分钟，剩下的时间则是广告。如果看两个电视秀，那么你应该能空出40~45分钟的时间去做点别的什么事儿。使用数字电视录像机非常划得来，这样，你可以在想看电视的时候只看你想看的节目，节省下来的时间可以做许多更健康的运动，比如说15分钟健身。

6. 别成为除尘器

家里一尘不染对你来说是否真的很重要？别再把宝贵的时间浪费在把床单铺平整、把相框擦得光洁明亮这样的事情上了，差不多就行了，别把做这些事情当成了目标。

7. 要果断！

你很容易把几个小时的时间浪费在选择墙漆的颜色或者购买何种小零食上（这就是所谓的“分析麻痹”）。在某一时间点上，你需要停止胡思乱想，继续做下一件事情。请你给自己设置一个时间期限，比如说45分钟，在这个时间内可以比较购买的商品、权衡利弊，等等，然后作出决定，继续前进。

8. 购买时间

没错，你确实可以在白天通过付费服务购买到大把时间。在你对找洗衣店或者雇人打扫卫生这些念头嗤之以鼻以前，请先坐下来算一笔小账。你一个小时价值几何？你如何规划可支配收入？可以考虑一下，当你动辄花费数百美元在自己并不真正需要的鞋子和包包上的时候，却还要埋头奋力刷着浴盆，那么你真得重新考虑一下你的开支了。你可以把沉重、肮脏的活计交给清洁工，每个月打扫两次，也可以看一看预定的餐饮计划，每周给自己"买"几小时。

9. 在日历上标注

从日历上寻找时间！惊讶吗？这是因为日历上的标注是白纸黑字记载的需要你注意的事情。如果有工作需要的会见，那就筹划一下运动时间，这样你就不会错过其中任何一项。

10. 使用煮蛋计时器

某些活动是时间黑洞。所有那些你计划只玩几分钟的小事情，比如说上网浏览、玩手机游戏、在网上给iPhone或者iPad购买新的应用软件，一不小心，就会花去几个小时的时间。请把煮蛋计时器放在桌子上。当你坐下来，就把它设定在15或20分钟。闹钟响了以后，就停掉这些事情。

11. 立即处理

如果你的桌上有一份文件（或者是一封邮件），请立即处理。积攒一摞文件不仅会让注意力分散，还会让你浪费时间重新再回顾每一个议题（一遍又一遍），或者更差的是，可能会丢失一些重要东西。（请在电子邮件中也尝试一下！）

12. 打个电话

短信和邮件可以节省很多时间。但是，有时候用15条短信才完成的沟通，可能用电话40秒钟就能搞定。只要事情开始变得复杂，就马上拿起电话吧！

13. 物归原处

我过去会花几分钟（几个小时，哦，或者几天）找钥匙。它们可能会在任何时间藏在任何地方，我指的是"任何地方"：衣袋里、抽屉里、邮件箱里、甩干机里、车里，或者我就喜欢把它挂在锁上。后来，我花了75美分去买了一个钥匙挂钩，把钥匙挂钩挂在电话旁边，这就是我设计的钥匙存取处，从此以后，我再也没丢过钥匙了。请把这个小方法用于所有经常丢失的东西上。它会有用的。

14. 准备好物品

这一点比"这是一个多么美好的圣诞假期生活啊！"重复的次数更多，但的确管用。晚上将运动服准备好，这样，你就更可能起床晨练而不是再打个盹了（或者更为糟糕的是，完全忽略早起锻炼继续蒙头大睡），因为一想到还要起床为运动装备翻箱倒柜，实在让人生畏。

15. 早起15分钟

这个法子简单得可笑，是吧？是的，但是有效。如果发誓早起，每天早上5点晨练，那你根本不会去执行。但是，即使是最标准的夜行动物猫头鹰，也会把自己的闹钟定在早晨提前15分钟（而且它们已经从睡袋中翻出来了）。即使你不打算用这个额外的时间进行锻炼，你也可以比平时提前出门，更早到达办公室，这样就可以更早地完成一天的工作。因此，你也可能更有资格来利用晚间的15分钟。

第一章：
天才的15分钟训练计划

当开始锻炼的时候，我们讲究的是质量，而非数量。本书的超快速健身方法将帮助你仅用一半的时间，就变得更苗条、更性感、更健康！还有比这更好的方法吗？

《超级减肥王》（译者注：NBC一档减肥秀节目）节目所传达的文化让我们相信，如果少量的锻炼可以让人健康结实、有活力，那么大量运动会让我们变成维多利亚的秘密（译者注：著名的美国内衣品牌）的模特。即便是我这样的训练员、铁人三项赛的运动员，我本应该比大家更理智一些，但我却感到很惭愧——我自己也曾陷入这样的观念中。几年前，我系紧了鞋带，开始了在街道的每天一小时慢跑。当时我相信，只要能流更多的汗，那么那条紧身牛仔裤，那条几乎令我窒息的牛仔裤，将永远不会变得紧绷绷的。但事与愿违，我一点都没有变得更苗条。当然，我的身形确实变得小了些，但是我的肌肉却变得更柔软，特别是腹部。然后，一个跑步教练给了我一个“终止”建议（因为它起效了！）：如果你想让脂肪完全燃烧，那就让运动更强，而不是更长。从此，我加快了步伐，而且再也没有走过回头路。

“越多越好”的定式思维绝不仅仅是浪费时间，它还让人们从“塑形”的轨道上滑脱。如果我们认为不得不做很多才能达到效果的话，在某些时候我们就会选择压根儿什么都不做。这是我们在开始之前，就为自己设置的将要失败的心理暗示。正如结果所证实的那样，知道要做哪种运动远比知道要做多长时间要重要得多。因为多数我们认为会让我们变瘦或让我们保持体形的知识，实际上都不对。有一个很好的例子，发表在《国际运动营养与运动代谢》杂志的一项研究中，研究者要求一组女性受试人群每周5天、连续12周进行稳定的45分钟中度有氧运动（就像一种轻快的椭圆运动机锻炼）。你猜结果如何？在研究结束的时候，这些女性的身材跟没有进行运动或节食的人相比，完全没有改变。

很失望，是吧？根本不必如此！好消息是你已经可以停止浪费时间了，可以让自己从健身房里马拉松般的训练中解脱出来了。科学家现在告诉你，如果你想消耗脂肪、让肌肉变得紧实、促进心脏健康、抵御疾病，那么你就不应该运动太多，而是要少一些。如果运动方法正确，你可以在短短的15分钟内实现上述目标。

短时运动，甜美回报

这就是你能从《15分钟练出完美线条》一书中获得的成果，该书的健身法已经过科学验证，是永久减肥的捷径。我们集合了所有的专业知识，关注最新研究，才完成了这一快速塑形计划。该计划的核心是抗阻训练。我们都知道，抗阻训练是燃烧脂肪，塑造苗条、美丽身材的最快方法。当你开始进行抗阻训练的时候——无论是为了减肥还是为了塑形——你的肌肉纤维会有细微的撕裂，这听上去不像好事情，但是，这实际上是变得苗条、强壮的第一步。这种肌肉纤维的断裂，会促进肌肉蛋白加速合成，在这一过程中，肌肉利用氨基酸修复肌纤维并使之更牢固，最终，你已经形成了新的肌肉。

肌肉在很多方面都有魔力。首先，所有消耗的热量，不仅在锻炼的时候发生，而且会一直延续到锻炼完成后。其次，肌肉的代谢要比脂肪快得多，这意味着，肌肉仅在维持身体正常的情况下，就能消耗更多热量。最后，肌肉越强健，人就越健康，精神状态就越好。研究发现，当人们因为变得更加强壮，甚至突然感到很艰难的锻炼任务变得简单而开始举重的时候，人们自发的锻炼的积极性就更强。你是不是担心锻炼肌肉会让自己看上去很粗壮？不用担心。0.5公斤肌肉所占的体积比0.5公斤脂肪少20%。因此，你可以因此变得更苗条，但却更健壮。难道没有人告诉你“少即是多”的道理吗？

令人鼓舞的是，你可以在15分钟内收获所有这些塑形的好处。到底如何做呢？那就是扔掉所有坐着休息的活动，以及各种运动之间的闲暇时间，把健身计划做到“短时快”。这一运动方案不仅能提高时间的利用效率，而且增加了在运动过程中以及运动后能量的消耗。南伊利诺斯大学近期的一项研究表明，一组10种动作各做10次的训练（顺便说一下，完成这一组动作正好15分钟）所提高的静息能量消耗（你在静坐不动时的能量消耗），与花费35分钟做三组这样的动作效果相同。

最后，为了让运动成果更显著，我们将有氧运动加入了“营养液”中。要想快速让肌肉塑形和燃烧脂肪，所需的并非每天雷打不动的45~60分钟的运动，而是为科学界所承认的高强度间歇式训练（HIIT），如抗阻训练。当有关部门还在不断地向“推荐有氧运动”的方向添加筹码的时候（为了减肥，每天60分钟到90分钟的运动中，约有半小时的有氧运动），大量的研究却推行着相反的观点：在改善心血管功能、增加胰岛素敏感性，还有消耗热量方面——HIIT比常规有氧运动明显要好出一大截。决定你是否能消除脂肪的因素并不是运动持续的时间，而是运动强度。换而言之就是，如果走路的话，你将花去很长时间才能消减多出的体重。但是，你也可以选择马上就冲刺！

HIIT会让体内乳酸堆积，这是强度更大、速度更快的训练所产生的乳酸，其超出了机体的清除速度，因而促发人生长激素的释放，而该激素是天然、强效的万能药——能消耗机体脂肪，会让你的代谢速度赶上顶级跑车玛莎拉蒂！此外，生长激素起效很快。仅仅是在健身自行车上加速30秒，就足以让你体内的生长激素——这种有助于肌肉合成、脂肪燃烧的化学物质的水平升高530%！在一项发表于《应用生理学》杂志的研究中，研究人员报告了8名积极运动的女性在采用隔天训练法仅仅2周后，其脂肪燃烧能力增强了36%。重要的是，在高强度训练后，你的代谢水平会持续更长时间——长达24小时！可以让你多消耗120千卡的热量，是低强度训练的2倍。因此你会很快看到健身效果。

这种高效率的燃脂，都传达了一个信息：仅用一半的健身时间，就会让你变得更苗条。在一项针对18名女性的研究中，澳大利亚的研究者发现，进行快速脂肪燃烧健身（采用每周三天的8秒钟冲刺练习，然后是12秒钟的恢复）的女性在试验期间体重减少了2.5公斤，而另一组女性进行2倍于平均步速的蹬车运动，在相同时间内体重却增加了0.5公斤。更妙的是，你减少的是纯脂肪。在拉瓦勒大学的一项研究中，研究人员发现，即使是在实际的健身训练中，HIIT训练仅消耗了一半的热量，健身者在15周训练后所减少的脂肪量仍比传统长期有氧训练20周后的9倍还多。

HIIT益处绝不仅仅是减肥。HIIT健身法也会帮助你更快地达到健康状态，这样你就有更多的精力去做自己喜欢的事情。在一项令人瞩目的、重要的对照研究中，加拿大的研究人员发现，采用短期健身自行车训练的健身者在经过每周三天的一系列30秒冲刺练习后，他们的健康程度增加了30%，这几乎与另一组进行较低强度的1.5~2小时蹬车练习等效。高强度间歇式训练也是促进健康的好方法。挪威的一项研究报告表明，高强度间歇式训练远比单一速度训练更能有效地降低血压、控制血糖、改善胆固醇水平。

我们身体的构建是为了适应我们的“工作”需要。当你起床出门进行一场悠闲的慢跑时，你实际上是要求慢（耐力）肌纤维唤醒自己并开始工作，但是，那些快（速度与力量）肌纤维并未工作。过了一段时间后，曾经服务于快肌纤维的神经将会重新布线，转而作用于较慢的肌纤维。或者干脆就死掉。提高运动强度不仅可以通过调动所有不常用到的肌肉（想想达拉·托雷斯）让身材更紧致、有型，还可以让塑形走上快速通道，HIIT训练研究员、麦克马斯特大学人体运动学系教授马丁·吉布拉博士说：“高强度练习在某种意义上让运动系统休克。你的身体会认为‘主人真的让我做很艰苦的工作’，所以与训练强度较低的运动相比，高强度训练增加了机体在一小段时间内的整体运动容量（即利用氧气、燃烧脂肪的能力）。”事

33

根据《力量与协调》杂志的研究结果，与运动期间可以休息的健身法相比，连续完成两组不同的训练（超快速健身训练）可以多消耗33%的热量。

实上，根据达拉维尔大学的神经肌肉研究人员克里斯托弗·奈特博士的研究，当你调动快肌纤维进行力量训练和（或）高度间歇训练时，几乎有立竿见影的效果，他说“我们已经发现，仅仅一周的训练，就可以增加快肌燃烧率”。

这就是天才的快速健身计划。将15分钟的抗阻力训练与15分钟HIIT健身法相结合，可以最大程度地甩掉体重。科学家已经知道，一般的有氧运动与抗阻力训练二者结合比任何一种单一训练的效果都更快、更好。宾夕法尼亚州立大学的研究人员让三组超重人群控制饮食，然后分别让他们做有氧运动、抗阻力训练加有氧运动，或完全不运动，结果表明，尽管每组人群都减少了约10公斤体重，但举重组还减掉了3公斤或40%还多的脂肪（要知道，脂肪而非肌肉占据更多人体空间，而且看上去也不美观）。这就对了，举重组每减掉将近28克脂肪，其他两组却减少了宝贵的提升代谢的肌肉。现在，你就准备收获这一小段运动时间内的所有回报吧（你从没想过有可能！）。

不过，15分钟的秘密带给你的不仅仅是这个星球上最短时间、最有效的健身法，你还会拥有：

1. 脂肪变肌肉

无论你是想穿上比基尼，还是仅仅想找个法子让自己平平的屁股变得翘一点，15分钟就已足够。首席力量训练研究员韦恩·威斯科特博士是马萨诸塞州昆西市昆西学院运动科学系的指导教师，他证实，如果选择的运动很明智，一些少量运动——某些时候只是4种运动，就足以改变身体组成（译者注：是机体中脂肪与非脂肪在体重中所占的比例）。“研究表明，仅通过4种运动来锻炼机体的主要肌肉，就可以让身体得到极大的改善——8周内就能甩掉2公斤脂肪，获得1公斤肌肉。”他说。这4种关键的运动是：下蹲运动、推举运动、划船运动和收腹运动，每种运动做几次。为了让全身机体塑形，在几轮的15分钟健身中做几次该运动。

2. 燃烧更多卡路里

甚至更好！即使是最短回合的力量训练，它能带来的燃烧卡路里的益处也可以一直延续到离开健身房。这份来自南伊利诺斯大学的研究值得我们重提一下：研究人员发现，即使志愿者仅完成一组9种运动的训练，或者进行11分钟的力量训练，每周三天，他们的静息代谢率（身体休息时所消耗的热量）也会增加，而且也燃烧脂肪，使得令人讨厌的体重被重重围困（体重不会增长）。而此后，甚至会出现更多可喜的变化。

3. 永葆青春

除非我们能做出点什么举动来阻止这些变化，否则当我们20岁以后，每年都会损失0.2公斤肌肉——这一观点来自普渡大学卡柳梅特分校健身中心的健身运动专家蒂娜·施密特-麦克纳尔蒂。这一数字听起来似乎无关紧要，但是当你考虑到肌肉是人体最大的热量燃烧器——0.5公斤肌肉消耗的热量是0.5公斤脂肪的5倍，那么这就好比“一步入成年，就把脚从机体代谢油门上移开”，麦克纳尔蒂解释说。代谢猛地下降会导致体重以每年0.5~1公斤的速度缓慢攀升。因此，毫不稀奇，美国女性平均在20~50岁时，因代谢停止平均减少7公斤肌肉，增加20公斤脂肪。

4. 穿衣合体

即便我们的身材尺寸不会像骑行下坡路一样噌噌下降，但是减去脂肪后的肌肉组织会让你永远能穿上紧身牛仔裤。这是如何实现的？因为0.5公斤脂肪占据的体积比0.5公斤肌肉多20%。抗阻力训练——仅仅是短短的15分钟——就是你一生保持肌肉（还有体形）年轻所要付出的成本。

5. 睡得更好

高强度训练会让你安眠得像个婴儿，这反过来又可以帮助你保持体重。澳大利亚研究人员近期的研究表明，进行8周全身抗阻力训练的男性与女性睡眠质量改善了23%。甚至可以比开始运动前入睡更快、睡得更长。这一点很重要，因为睡眠不好不利于控制腰围。事实上，斯坦福大学科学家已经发现，当每晚睡眠时间在7½小时以下时，体重会成比例地增加，这似乎是因为剥夺睡眠刺激了饥饿激素和储存脂肪的激素皮质醇的分泌。

6. 强健骨骼

对于骨骼的构建，抗阻力训练首屈一指。不幸的是，女性骨骼构建的顶峰时期是在青少年时期和20岁早期，然后在35岁左右的时候，骨骼开始走下坡路，此后骨骼以每年1%的速度变薄，在绝经后，速度会加快至2~3倍。一项研究对124名男性和女性进行了调查，结果发表在近期出版的《骨质疏松》杂志上，其报告表明，高强度训练（正如在我们的超快速健身法中所发现的）40周即增加了高风险部位的骨密度，如脊椎、髋部和大腿。与之形成对比的是，进行低强度训练的人在相同的时间内骨密度却下降了。

7. 更加灵活

随着年龄增加，肌肉慢慢变僵硬，此时柔软度会最先消失。如果你什么都不做，成年后身体的柔软度将减少50%，到时无论弯腰或蹲下都会变得困难。全身范围内的肌肉运动，比如你将进行的15分钟运动，会让你的四肢更灵活。科学家在《国际运动医学》杂志上发表的一项研究表明，连续16周每周进行3次全身健身的男性与女性，其胯部与肩部的活动范围增加，而且坐地前伸测验评分也改善了11%。在我们的健身法中，你将会发现能够在灵活性方面获益的特殊伸展运动和强化健身法。

8. 预防心脏病发作

规律的抗阻力训练可以加强你最重要的肌肉——心肌，并改善整个心血管系统的健康状况。在《实用生理学》杂志上刊登了一项研究，科学家报告了志愿者经过连续8周、每周3天的力量训练后，其收缩压（高压）平均下降了9个百分点，舒张压（低压）平均降低了8个百分点。这足以让卒中风险下降40%，让心脏病发作风险降低15%。

小提示：研究表明，抗阻力训练对燃烧内脏脂肪特别有益，这种在腹部深藏、覆盖于内脏器官上的脂肪会增加代谢综合征的风险，是2型糖尿病的先兆。

9. 预防糖尿病

肌肉是一种简单的良药。悉尼大学2003年开展了一项研究，这项来自澳大利亚的研究报告了抗阻力训练可以改善胰岛素敏感性，这意味着血糖峰值更低，血糖水平紊乱更少，以及暴饮暴食性低血糖发生得更少。研究还表明，抗阻力训练对内脏脂肪的燃烧特别有利，这种在腹部深藏、覆盖于内脏器官上的脂肪会增加代谢综合征的风险。即使你已经患上糖尿病，进行抗阻力训练也不晚。奥地利科学家发现，患有2型糖尿病的男性和女性开始力量训练后，体内血糖水平明显降低，自身状况得到明显改善。

10. 预防癌症

抗阻力训练可以帮助清除导致癌症的自由基，这是佛罗里达大学的研究成果。研究人员发现，每周3天进行抗阻力训练，在6个月后氧化性细胞损伤比没有进行举重训练的受试者低。高强度训练（如我们发现的

HIIT健身法）对乳腺癌的预防也很有益。

11. 变得更聪明

加拿大研究人员发现一年中每周仅进行一次力量训练，就能让参与研究的女性志愿者脑力增加近13%。其他研究也报告了力量训练改善短期和长期记忆力、语言推理能力以及注意力时长。现在我们可以说，肌肉变发达，头脑会更聪明！

12. 抗压性更高

当压力来临时，体态适者才更有生存机会。A&M大学科学家发现，能够抗压的人体内应激激素的水平明显低于整天窝在沙发里看电视而无所事事的人。佐治亚医学院的科学家还发现，经过一段时期的应激压力后，肌肉组织较多的人血压水平恢复正常的速度快于肌肉组织较少的人。

13. 更加快乐

对于改善心情而言，俯卧撑和帕罗西汀（译者注：抗抑郁药物）效力相同。悉尼大学的研究近期发现有规律进行力量训练的人发生严重抑郁症状的状况很少。短期有氧运动也同样有效。博林格林州立大学的科学家报告说，与相似的人群相比，受试的21名男性与女性哪怕只是骑车10分钟也能改善心情。

14. 拥有更多时间

在以下的内容中，你将会获取你需要的所有超级15分钟健身计划的所有信息。然后，你就会有很多小时（甚至很多天！）做其他事情!

如何开始

既然15分钟健身法这么棒，为什么做的人这么少呢？因为你需要有人教导哪一种动作对你有效。这就是为什么我们会下定决心创造尽可能最全面的指南，来释放神奇15分钟的秘密的原因所在，本书的超快健身计划可以完美适用于每一种运动，可以帮助达成各种可能的目标！

这是全球最实用的健身计划。你不需要躺在训练椅上推杠铃，甚至不需要走进健身房（除非你想）。你会发现多种可以在起居室内就能完成的健身方法。你可以为超快速脂肪燃烧进行游泳、骑车、跳绳或者跑步，甚至是竞走。你甚至会发现健身有助于你获得更好的网球比赛或公路赛成绩——如果这正好是你的周末喜好！书中有一整章教你如何使用最流行的健身器材，如壶铃、平衡球、博速球，还有滑盘！

按照我们提供的健身计划，你每周可

以选择三种力量训练健身法和一种HIIT健身法。你可以找到至少两种最有力量的健身训练版本，这是因为尽可能经常改变训练方法对保持训练效果至关重要。“你的身体可以胜任你加给它的特殊挑战”，STRIVE健康公司创始合伙人、力量训练研究人员怀恩·菲利普博士说道，“如果你不断地用不同方法挑战自己，身体会不断地适应，你就不会停滞不前，也不会对健身感到厌烦。”这就是我们介绍多种健身方法的原因所在，这些训练可以为肌肉带来新的刺激与挑战。

我们选择什么运动好呢？如果你正在寻求一个重大转变，你可能需要从“全身健身法”开始，每周三次，坚持3~4周。如果你想运动身体的某个特殊部位，有多种方法供你选择，你可以每周把这些运动混合一下，轮流完成，如“米歇尔·奥巴马完美手臂训练”与“瘦大腿内侧训练”。你选择的“超快速脂肪燃烧（HIIT）”健身法有赖于你喜欢做什么（例如，椭圆机训练、骑车等等）。先去翻翻第8章，计划一下你先要做什么。在接下来的日子里，当你身体不太好或者正处于医疗康复期时，我们也为你准备了可以疗愈身心的运动。

现在你已经拥有了这些健身法，还等什么呢？拿起你最喜欢的健身器材，或干脆不用，开始运动，不要再找借口了。你与完美身材中间只有一步之隔，赶快往下翻阅本书，现在开始运动！

第二章：
15分钟
训练的所有问与答

想获得快速运动的最大功效，
你必须知道的各种健身知识都在这里。

当人们第一次听说“15分钟的秘密”的时候，他们会产生很多的疑问。它怎么起作用？什么时候我能看到效果？我需要什么运动器材？你想获得的快速健身知识都在这里。我们的目标是，让你自信满满、毫无疑虑地在健身房锻炼、在家锻炼。当你的朋友说道：“15分钟，绝对不可能！”你可以给他一个微笑，然后继续完成自己的训练，并享受一天中剩下的所有时间。

15分钟训练是每天30分钟标准训练时间的一半吗？它有效吗？

这个问题问得很好。因为它确实不等于标准推荐的一半。实际上，15分钟训练的强度超过了标准训练。多数人并没有认识到疾病控制与预防中心（CDC）推荐的每天30分钟是中度训练，比如快步走和洗车。如果你仅仅进行中度健身，你每周需要150分钟才能有所收获。但如果运动更剧烈，使用15分钟训练法，这些官方训练建议就可以减到每周75分钟，也就是每天10~15分钟。到了最后，这些快速训练法更有效。要记住：在一项来自澳大利亚研究中，每周有三天采取20分钟高强度冲刺练习的人减掉了脂肪，而对照组做了40分钟有氧运动的人体重却不减反而升高了。

我是否需要秒表？

不，不需要。为了让计划简单点，我们设计的健身方法只占用15分钟或者更少。现在，如果你休息了一段较长的时间，你的训练可以延长几分钟，但我们的目标是给出15分钟可达到的最有效的健身方法。当你有更多的时间时，你可以进行或增加更多的健身次数，或者完成健身两次。实际上，这并不好。试图超越可能会完全破坏你的进度。《国际运动医学》杂志上的一篇研究表明，如果将时间限制在15分钟内，女性更可能将运动坚持下去。

在健身前吃什么？

在进行超快速健身前，你不用吃特别的东西。实际上，因为运动可能会很剧烈，特别是进行超快速脂肪燃烧HIIT方法时，最好不要让肚子填满食物。如果你已经吃过饭3小时了，你可能需要一块小甜点，如半个香蕉或是少量干果，这只是为了增加血糖，在运动前30~45分钟给身体补充一些能量。

我能多快看到运动效果？

这有赖于你选择的训练方法，一般情况下是2~4周。如果你把两种训练方法合为一种30分钟强效健身期，你会更快减重，更快塑形。女性上半身体重较轻，如果你按照我们的方法练习双臂、双肩和背部，你会在短短2周内就看到成果。

我应该负重多少?

这个答案很简单：比你认为的要多！一个又一个的研究表明，女性在抗阻力训练时常见的错误是使用哑铃过轻，特别是新手。在一项研究中，让初次进行举重训练的人为自己的训练选择负重，没有一个志愿者选择可以刺激自己肌肉生长的充足负重。斯图尔特·菲利普是安大略省汉密尔顿麦克马斯特大学的博士，他直言："女性利用5公斤哑铃进行传统的深蹲训练能激活的快肌纤维是零。"斯托尔兹康涅狄格州大学的运动学、生理学和神经生物学教授威廉·克雷默认为这个消息很不好，因为快肌纤维最先消失。"随着年龄增长，你自然而然地失去这一类肌肉"，他说，"如果你所做的都是有氧运动和2公斤哑铃负重练习，这个丢失速度不会减慢。这类肌纤维只对较重的负重有反应。"

好消息是，通过偶尔的负重，比如7公斤、9公斤甚至是11公斤的负重（这有赖于你的训练）练习——它不需要每次训练都用到，你可以激活这些快肌纤维，并维持（或者重获）力量和肌肉塑形。在你摇头并跟自己说这不可能之前，回忆一下你上次去超市购物或者去机场的场景。我打赌你的购物筐每个都有5公斤重（至少），更不用提超重的行李箱了，有14公斤吧？小意思。我们女性都比自己想象的要强壮很多。

但如何找到合适的负重呢？以哑铃划船训练为例，抓起一个9公斤的哑铃，完成一组重复10次的俯身划船上拉训练。如果你能按照标准动作完成8~9个，但是第9或第10次重复的时候比较吃力，或上拉动作慢了很多，那么这个负重就是合适的。如果你在更早的时候就已经很吃力，或者旋转动作变形，或者需要借助运动的冲力，那么这个负重就太重了。试一下7公斤的负重。

我每次要做多少训练?

你会发现超快速健身法中动作组数和重复次数都在一个范围内。原则上你需要完成多组，每组肌群需要25~30次重复训练。组数和重复次数之间呈反向关系。如果你正在进行大量的重复数，比如15次，那你做两组就够了。如果你负重更多而重复的较少，如8~10次，那你就需要做三组。我们的目标在于让肌肉进行适量锻炼而不管你完成了多少次重复。每次健身时，简单遵循这一原则即可。

每次训练间，我需要停一下吗?

总的来说不要停。书中的超快速健身法都是循环式设计，让你一口气做完整个系列的动作。好处在于你没有在动作和动作的转换间让心率降下来，你就可以在燃烧脂肪的同时让肌肉变得更结实。循环式训练是非常有效的，这就是本书的大部分运动都是这种设计的原因。但是不要着急，你的身体会得到休息，只不过是动态的休息。这些健身法都是循环式的，让上半身和下半身交替运动。例如，你可能先做一组深蹲练习，然后就是一组胸推运动，接着是桥式抬臀训练，然后是哑铃划船上拉练习，等等，中间几乎或完全不用休息。这一方法让你的下半身在运动的同时让上半身得到休息。

书中还设计了一些超级训练，它们和循环式训练相似，但你先要反复做一个超级训练组，然后再进入下一个训练组。通过中间不停歇地连续运动不同的肌肉群，你不仅可以节省宝贵的时间（肌肉有更多时间恢复），而且可以增加身体分解和重建肌蛋白的速度，从而提高新陈代谢，并且效果会持续好几个小时。

我能在连续几天内进行所有的超快速训练吗？还是要隔天再做？

隔天再做。你每周进行三组抗阻力训练，中间应该有一天休息。在不做运动的时间里，你可以选择一些特殊的运动，如缓解头痛运动或泡沫轴拉伸和（或）按摩健身。每周留一天做高强度心肺训练或其他训练，剩下的一天是休息日，让身体完全放松休息。

加尔维斯顿的德克萨斯大学医学分校的研究人员通过大量研究，证实每隔一天负重训练的健身策略会让代谢发生奇迹般的改变。他们发现肌蛋白的合成速度（发生在肌肉开始修复的时候，也会增加机体代谢）在开始一次抗阻力训练后48小时内仍处于升高状态。所以，如果你周二上午10点进行了壶铃练习，你的身体肌肉就会进入肌肉增长模式并持续2天，然后肌肉合成恢复正常。所以周四上午10点，是你在此开始另一组健身的时机。

什么是有氧运动？我难道不该进行每周4次的有氧运动来减轻体重吗？

采用HIIT健身法减肥实际上比传统的有氧运动要好很多。而且，即使在你进行超快抗阻力训练的日子里，你也会增加心率，改善血流，这和有氧运动等效。另外HIIT负重训练和冲刺型训练还可以加强心肺功能，降低血压，控制胆固醇，并改善心血管系统。所以，几乎你所选择的本书中的所有训练都算是有氧训练。

而且，不要着急。你仍会有很多机会

燃烧脂肪，即使你的运动强度已经超出了所谓的“燃脂范围”。当你剧烈运动时，会消耗掉更多的碳水化合物，但从长远来看，累积燃烧的脂肪会更多。艰苦的训练可以触发激素的释放，如肾上腺素，它能够刺激脂肪细胞释放脂肪。“身体面对挑战时会制造更多的线粒体，产生更多的脂肪燃烧酶，而不仅仅是葡萄糖（储存在体内的碳水化合物），”HIIT研究者、马汀·吉布拉博士说道，他通过研究发现，冲刺训练让身体的最大摄氧量（身体能够利用氧气的量，是脂肪燃烧的关键因素）改善了30%，而进行一般运动的人，则需要90分钟才能达到冲刺训练的理想效果。而且，在高强度运动后，新陈代谢持续的时间是一般运动的5倍。所以你在停止运动后的很长一段时间内都在燃烧脂肪。

我举重的速度是否要很慢？

不。实际上，如果你提升一下速度，举重更快，那么你的获益会更多。“通过加快速度，你可以让更多不常运动到的快肌肌纤维得到训练，这样也能消耗更多的能量，”抗阻力训练研究者、马里兰州索尔兹伯里大学的斯科特·马泽蒂博士这样解释道。马泽蒂及其同事发现，当志愿者在力量训练过程中进行弹性训练、分解第二组重复动作时，他们在整个训练过程中运动了更多的肌肉，并让热量消耗增加了28%，也就是说，增加了72千卡的额外消耗，或者相当于走完1英里所消耗的热量。加快你的运动反复速度也能促进新陈代谢持续活跃数小时。相同的研究还报告了快速重复可以让后续消耗——完成运动后一小时的热量消耗，增加5%。

我需要去健身房吗？

你可以去，但你不必非要去。书中介绍的许多15分钟运动都可以在家里完成，并且只需要很少（有时候根本不需要）的健身器材。你也可以把费用投入到完美的家庭式健身房中，但是，有些健身器材可能在家里无法拥有。也有一些人（我本人就是其中之一）只有在健身房中才会训练更艰苦、时间更长，付出更多。许多女性也会被健身房里志趣相投的人影响而加倍努力运动。斯坦福大学近期的一项针对3000名女性研究的结果表明，女性（有喜欢社交的天性）看见其他人在运动的时候，自己也会变得更有动力。

我的建议是：立刻开始。去做你能够做的运动，并看一看健身效果，如果你很开心，但是又觉得自己没有足够的装备去完成这些运动，请看一下“我需要哪些健身器材”一节，挑选出自己需要的器材。如果这些器材不适合你，是时候看看当地的健身中心了。要把这种“购买”行为当作买车。做一些研究调查，到各个健身房看看。问问朋友的意见。最重要的是，要给出测试空间。任何值得你掏钱的健身中心都会让你试用器材训练一下，这样在你决定付款前可以花几天时间去那里试用健身器材。请务必在你最可能使用的时段彻底检查器材，特别是高峰时段，如上班前、下班后。一般的健身房在早上九点时能够愉快地健身，而到了下午六点则变成人声鼎沸的“疯人院”。在健身房协议上签字之前，还需要考虑以下几点因素。

· **便利性**。首先，你选择的地点是否方便到达？是否找到健身房的香格里拉这并不重要。如果很偏僻，你就不会去。想一下：如果你需要开车20分钟到达俱乐部，然后再用20分钟回到家，再加上在更衣室换衣服的时间，你的15分钟超级健身就突然变成超级浪费时间的运动了。选择健身房时，交通一定便利，营业时间符合你的作息时间。如果不是，请另换一家。

· **感觉好不好**？好的健身房会让你立刻感到舒心。第一印象很重要。如果你走进去后心里的第一句话是“哇！好棒！”，这就是良好的开端。如果你试图说服自己进去健身，那就赶快离开。

· **员工素质**。选择健身房就像是买车，但是当你走进大门时，不该感觉像是在一家二手车经销店中。服务员和教练看起来应当可靠（有资质）、乐于助人、富有魅力。健身房给你的感觉应该是最佳的，你不必理会任何强行的推销。

· **价格**。很显然，你不能把全部的预算都投入健身房，也别贪小便宜。加入一个便宜、勉强接受的健身房而很少去，那最终也是浪费钱财，甚至比每个月多花一点钱去自己真正喜爱的健身房更费钱。你的健康、力量和体能就是最值得的投资。

如果在午饭后健身，我在健身后还要补充营养吗？

不要立刻就吃东西。“你需要在训练后快速补充营养或来一杯奶茶！”这种观点其实是针对训练了2.5小时的耐力项目运动员设计的。你的运动时间只有15分钟——即使强度很高——也不会消耗太多的葡萄糖。除此之外，你已经吃过了午餐，所以你并没有在空腹运动。

针对特定部位健身有效吗？我常听说没有局部瘦身这种事。

这是一个很好的问题。所有的健身教

练都知道，不能依靠完成几十个仰卧起坐来减掉腹部脂肪。但你可以重点锻炼某部位，书中的很多运动都可以帮你。肌肉未经训练时，它是柔软的，有些受到重力作用的影响，比如肱三头肌和臀部肌肉，会下垂。如果你的手臂后方或者背部有多余的脂肪，你进行后踢腿和深蹲运动也不能甩掉这一部分脂肪。但是通过运动，你可以让这些肌肉变紧致、结实、有线条，使之看起来更美观。此外，健身的时候消耗热量，这时就可以消耗脂肪，这意味着你很快就会看到有型的肌肉了。

我怎么知道自己的锻炼强度够高?

如果你一边运动一边说话，表示强度不够！对于力量训练，请参考“我应该负重多少”一节中的原则。正确的重量训练，重复最后一组时，你通常感到很吃力，必须咬牙才能以标准姿势做完，而且没法再做一组。对于HIIT训练，只需要开口说话就可以测试，以运动中你能说出几个词来判断。研究人员发现，即使不用心率监测和任何其他设备，这种方法也能准确地判断出运动强度。他们推荐使用“宣誓个人决心（含31个字）”作为指导。举例如下：

· **低强度运动（热身）：** 你应该能够说出完整的词——所有31个字——轻松说出，且呼吸停顿正常。

· **中强度有氧运动：** 在这个强度时，你必须能轻易背诵4~6个字，且不须用力喊出口。多数抗阻力训练中都属于这个强度。

· **高强度运动（间歇性）：** 这会用尽你全部的力量（该阶段是HIIT健身法中强度最高的，也最艰难）。当进行这一强度训练时，你仅能在换气时吐出一两字。（当你能背出完整的31个字时，已经表明你的身体已经从高强度运动中完全恢复了。）

需要人在旁边看吗?

偶尔才需要。本书大部分运动中的自体重量训练或轻量哑铃训练，都不会造成危险。不过，任何时候你举的重量特别重或杠铃推举过头或胸部（如胸部推举）时，可以让你的朋友在旁边看着，安全第一。每年都有意外事件发生，我想你不会跟自己过不去吧。

我需要哪些健身器材?

有些15分钟运动不需要任何器材，只需要利用你自己的身体就可以。但是，拥有一些健身器材可以帮助你扩充运动范围，比如在健身房中。下面是本书中最常使用的器材。

哑铃：

双手负重训练必用的器材。有几组哑铃运动就可以锻炼身体的每个部位。哑铃不占空间，而且价格相对便宜（但记得货比三家）。为了达到最好的运动效果，请购买三套哑铃，轻量级（2~4公斤），中量级（4.5~5.5公斤），重量级（≥7公斤）。也可以购买“多合一”的可调式哑铃，比如PowerBlock或锐步公司的Speed Pac。以Speed Pac为例，每个哑铃的重量调节范围为一个哑铃的最低重量为1公斤（含哑铃握柄），加上所有杠片后重量可变为6公斤。每个杠片1公斤——这样的设计深受女性喜爱，因为它可以让你慢慢增加重量，而不像传统哑铃那样每次起跳2公斤。如果考虑到存放的问题，多合一的包装占用空间也比较小。哑铃的另一个优点是比杠铃安全，特别是你一个人在家运动时。

训练凳：

其实你并不需要训练凳。多数训练凳的动作，你都可以使用平衡球、座椅，甚至是地板来完成。但是训练凳有一个好处，可以帮助你举起更重的重量，所以训练凳是一种值得投资的器材。找一张可调节式训练凳，这样你就能借助它完成上斜或下斜式动作。在多数运动用品商店你都可以购买到可调节式训练凳。

杠铃和杠片：

先到健身房用标准的7英尺奥林匹克杠铃。它们约有21公斤重，很适合进行深蹲、弓步、硬举以及各种下半身训练。如果你喜欢，可以买一个小一些、轻一点的杠铃放在家中使用。

壶铃：

这种小小的有手柄的负重球十年前自俄罗斯传入，但近年来在美国红火起来。因为壶铃的中心不在中央（悬吊在手上），使用时身体的稳定性肌肉必须随时调整、控制动作，增加了许多传统哑铃动作的难度。壶铃的手柄也可以帮助你完成各种爆发性和摆动性动作。这些训练可以增加背部、腿部、肩部和核心肌的力量与耐力。你会在第214页学到两种壶铃的健身法。与哑铃一样，壶铃也有各种重量范围。你可以购买一款可调节式壶铃，比如9公斤的壶铃，其手柄重量为2公斤，可调节重量片1公斤，每个壶铃可以变化出七种不同的重量。

药球：

我喜欢药球。药球可以帮助锻炼腹

部肌肉，加强核心肌肉训练。它还是特殊运动训练中首屈一指的器材。如果你想买一个质量上乘的药球，你应该购买橡胶制品和有弹性的药球，这样你可以将它往墙上或地板上做抛球运动。关于药球的健身运动，请参考本书第230页和236页。

平衡球：

也被称为瑞士球或治疗球，是家庭健身房必不可少的健身球。顾名思义，平衡球是理想的平衡训练工具，也是极好的核心肌训练器材。在一项针对41名训练者的研究中，洛杉矶西方学院的研究人员发现，与直接在地上做仰卧起坐相比，利用平衡球让上腹肌、下腹肌和腹部斜肌的肌肉活动量分别增加31%、38%和24%。你也可以利用平衡球代替训练凳进行胸部推举和椅上训练。现在，你可以在任何一个大型商店购买到平衡球。

弹力带：

如果你经常出远门，请带上几根弹力带。它们很轻，价格便宜，带上它就像把健身房装进了旅行袋。实际上，几乎没有训练工具可以比这种多功能抗阻力带更有用了。你可以踩在弹力带中间，抓住两端做手臂弯举，或者将两端拉向肩头进行深蹲训练，也可以固定弹力带进行不移动的划船上拉训练。你还可以将绳子两端打结作为一根大带子进行各式各样的胯部、腿部和臀部练习。弹力带依据其弹性厚度也不一样。一个较好的品牌是Thera-Band，其成分不含乳胶。或者试一下Superbands，其弹力很大，专门为高负量运动设计。你也可以购买一个专门固定的弹力带，将弹力带装在门柱或门框上进行训练。

泡沫轴：

你可以用泡沫轴给自己做按摩。身体哪边不舒服，就在哪边滚一滚，你会不由自主地说出“啊，真舒服！”（参考第370页的15分钟泡沫轴运动。）购买6×18英寸或6×36英寸的泡沫轴都可以，在运动器材商店有售，也可以从网上订购。

VALSLIDES滑盘：

这些顶端有泡沫的松软塑料小碟子可以铺在地毯、实木地板上，效果犹如溜冰场。它们可以增加弓步（特别是侧向弓步）以及针对核心肌训练的难度和强度。详细动作请参考第250页。如果你没有专业的滑盘，你也可以用纸盘代替。虽然它们的光滑度差一些，但也能帮你完成训练。

跳绳：

各种跳绳都可以。但是为了达到最好的训练效果，最好选用串珠跳绳，该种跳绳是一种细绳上穿满塑料串珠的跳绳。串珠可以增加跳绳的重量，而且在跳绳时可以保持深U型，这可以让跳绳的动作保持更久。

博速球：

博速球看上去像是半个平衡球粘在一个板子上，由半个平衡球和半个平衡板组成，可以增进力量和协调性。当球面朝上的时候，可以做仰卧起坐、深蹲，甚至是增强式跳跃训练。博速球翻过来可以做俯卧撑练习，也可以站上去练习平衡力。

踏板或箱子：

踏板是一个稳定的平台，可以做踏板训练、抬高式俯卧撑训练和增强式跳跃训练。如果想做更高、更激烈的踏板运动，你可以考虑购买一款可调节式深蹲箱。它不仅稳固防滑，也可以调整高度，适合做踏板训练、分腿下蹲或上半身和下半身运动以及跳跃运动。

[redacted]

如何使用本书

让你更苗条、更健康更性感的简单原则！

每周选择三组超快速抗阻力训练：任选一种15分钟训练，分别在周一、周三和周五进行。你可以一周三天都做一种特定的运动（但3周后应该混合其他动作一起做，这样对身体来说才不会太简单），或者你每天做不同的训练。你可以选择针对身体某部位的动作，或者选择针对全身所有部位的动作，也可以选择增进某项运动的热身动作或消除经前综合征的动作。需要注意的是，如果你有短期的目标（例如即将到来的同学聚会），你应该在所有三天中都做一种全身动作来达到最快的效果。一旦你已经达到这个目标（而且同学会已经再次成为历史），你可以切换成另一种训练。本书是你专属个人化计划，可以满足你随着时间不断改变的健身需求。

选择两种特殊的训练：每周两天，你可以任选一种15分钟非抗阻力训练，例如经前综合征或者伸展运动。你也可以做一些轻松的有氧运动，比如慢走或骑车。

选择一天进行HIIT训练：每周一天，可以选择在星期六或星期日，你应该进行一种高效HIIT训练，它是你燃烧脂肪、减轻体重的秘密武器。

选择一天休息：这就对了！现在，你将有一整天的时间做任何你喜欢的事情！

15分钟运动周计划

周一	周二	周三	周四	周五	周六	周日
再次穿上紧身牛仔裤的塑身计划	快步走（还可选择轻松的有氧运动，特殊训练或者休息）	变年轻的塑身计划	晚上进行瑜伽伸展运动（还可选择轻松的有氧运动，特殊训练或者休息）	紧致臀部的塑身计划	椭圆机HIIT训练计划	把省下来的时间完全放松一下吧

第三章：
15分钟超快速减肥饮食计划

健康饮食不必大费周折。
本章将为你提供快速、简单又有效的饮食建议。

你是不是曾经为了消除那些顽固的赘肉，而对送进嘴的每一口食物都小心翼翼，结果却是胸部缩小，而大腿却依然粗壮？由此可见，拥有苗条性感的身材并不是光蜻蜓点水似的吃东西就可以，而是改善身体的组成成分——一边甩掉多余的脂肪，一边增加代谢高的肌肉。这就是我们设计超快速减肥饮食计划的原因。它是一套简单的，以瘦肉、高蛋白（身体用于合成肌肉）和专门燃烧脂肪的食物为基础，再搭配超快速健身计划，双管齐下，让你迅速减掉体重。

减少碳水化合物，增加蛋白质，减轻体重

康涅狄格州大学一个饮食与运动科学家团队的研究发现，将饮食与健身配合，可以在减掉脂肪的同时保持有型苗条的肌肉块。事实上，在他们的一项研究中，超重的男性和女性在减少碳水化合物饮食（本书中所示）并且每周进行三次负重训练后，成功减掉10公斤，等于每周减掉1公斤。令人欣喜的是，几乎所有减掉的重量（97%）都来源于脂肪。

为了获得更大的效果，我们也增加了蛋白质摄入量。各种研究表明，为了构建和保持肌肉，同时燃烧肥膘，千万不能忽视蛋白质的重要性。在一项发表于《营养与代谢》杂志的研究表明，饮食中的蛋白质摄入量增加30%的受试者每天会少摄入约450千卡的热量，在研究的12周内，则减掉了5公斤。更有甚者，高蛋白饮食摄入者减肥效果的保持似乎长于高碳水化合物摄入者。伦敦的研究人员观察了采用流体饮食减肥的48名超重男性和女性，当对其高蛋白饮食和高碳水化合物饮食进行比较时，发现高蛋白饮食摄入者在随后的12周随访中仍能保持减肥成果，且又减掉了2公斤，而高碳水化合物摄入者实际上体重却增加了。

超快速运动和饮食计划是相当简单的最快、最有效的减肥方法。在一项针对48名女性的研究中，伊利诺斯大学的研究人员发现，抗阻力训练计划联合高蛋白质饮食在11周的研究期内让受试者成功减掉了10公斤，其中仅有0.5公斤肌肉，而采用高碳水化合物饮食但摄入相同热量的受试者仅减掉7公斤，其中1公斤为肌肉。而上述康涅狄格州的研究人员也报告了摄入碳水化合物较少的受试者不仅减掉了体重，还降低了总胆固醇和三酰甘油，其胰岛素水平下降了32%，C反应蛋白（一种炎症性标记物）减少了21%。他们由内而外都变得更健康。

超快速减肥计划的设计与超快速健身运动一样，都可以在15分钟内完成，效果立竿见影，也不用花费额外的时间和力气。在本章中，我们为你特别介绍15分钟食谱、15分钟厨房大变身以及15种快速燃烧脂肪的食物。只需要4周就能实现梦寐以求的魔鬼身材。

开始吃得更健康、甩掉脂肪前，你必须知道的每一件事

在超快速减肥饮食计划中，你会吃得更多，而不是更少，但你所吃的食物都可以促使身体燃烧脂肪。与此同时，你会摄取更多蛋白质，并尽情享受美味天然油脂。研究表明，如此饮食有助于我们更好地控制血糖、饥饿感和食欲。结果呢，你将比以往更加快速地减掉脂肪，而且吃得心满意足！

吃什么

这项饮食计划很简单，只要把三个种类的食物任意搭配就可以：优质蛋白质，低淀粉蔬菜以及天然油脂（参见第29页）。并以坚果或者低热量水果作为小零食。吃到你觉得满足为止（谁还有时间去计算热量呢？）你会自然地瘦下来。快速健身，快速减肥，快速见效。速度，是本书的宗旨。

进食原则

每次吃饭时应摄取优质蛋白质。就减肥而言，蛋白质能够从各个方面帮你燃烧脂肪。首先，在摄入蛋白质的过程中就可以消耗热量！因为食物中大约有25%的蛋白质在消化、吸收和生物转化过程中即被消耗，所以蛋白质比其他食物对热量的影响更小。蛋白质是天然的食欲抑制剂，因为它需要更长时间才能被消化。蛋白质还保存了你辛苦得来的、提高代谢的肌肉组织，同时燃烧掉脂肪。《运动医学与科学》杂志近期的一项研究发现，运动员采用蛋白质占35%的饮食，结果保证了身体的肌肉不流失，而蛋白质只占15%的饮食的运动员，在2周内就损

细嚼慢咽，就会吃得更少

本书讲求的是快速完成每件事，包括快速烹饪，但没让你快速吃掉它们！《临床内分泌与代谢》杂志发表的研究显示，吃饭快会抑制肠胃产生饱腹感的激素的分泌，导致食入过量。在一项针对肥胖症的研究中发现，超重女性和男性降低平常的吃饭速度，会消耗更少的热量。所以，要延长午餐时间，每口吃少一点，和朋友交谈一下。你的肚子需要15~20分钟才能告诉大脑“我吃饱了”。

失了2公斤的肌肉。

每天第一餐就摄取优质蛋白质非常重要。普渡大学的研究发现，早餐食入蛋白质（例如大烤肉、蛋白或低脂酸奶）可以比其他时间摄入这些食物更能延长饱足感。

波士顿大学营养学教授琼·赛尔格·布莱克建议，“早餐至少加吃30克蛋白质”，要记住，摄入蛋白质可以刺激肌肉生长。每次摄入10~15克蛋白质时，你会触发体内的蛋白质合成，这意味着你的身体开始修复，并构建肌肉（这些代谢活动能够消耗更多热量）。当你摄入30克蛋白质，合成的时间将持续3小时——这意味着整整一天有更多的肌肉生长。

也要吃一点脂肪。回想一下，当你试图消减食物中的脂肪时发生了什么呢?结果是我们都变得更胖了。现在，我们知道了饮食中的脂肪在热量控制和脂代谢中发挥了至关重要的作用。油酸是一种不饱和脂肪酸，存在于橄榄油、坚果和牛油果中，根据《细胞代谢》杂志中的研究，其有助于抑制饥饿感。在消化过程中，油酸转化为一种化合物，可以间接触发饥饿抑制信号向大脑传递。（科学研究表明，油酸可以降低坏胆固醇，而对好胆固醇毫无影响。）Ω-3脂肪酸存在于天然油脂食物中，如鲑鱼和其他冷水鱼以及牛油果中，它也有助于减少体表脂肪，降低三酰甘油，并升高好胆固醇。在超快速减肥饮食中，通过平衡食入脂肪与其他种类食物，只要你的体表脂肪在减少，就代表你的脂肪摄入没问题。

限制淀粉摄入量。1980年以来，我们每天摄入的食物热量提高了500卡路里，其中有80%都是碳水化合物。在那段时间里，肥胖的发生率增长了80%。我们的教训是，要限制含碳水化合物最多的食物，比如面包、意大利面、大米、豆类、糖果、烘烤食物以及土豆。请把淀粉看作是加了装饰的糖。（我喜欢把意大利细面条形容为排成一串的糖。）事实上，淀粉除了是由化学键连接成束的葡萄糖（糖的基本构成单位）外，几乎什么都不是，这些化学键一接触到口中的唾液就开始分解，并立即释放出葡萄糖进入血流。因此，淀粉对血糖的影响甚至比蔗糖更大。它还激发身体储存脂肪。当你摄入淀粉（它会以整个谷物或一小块红薯的形式存在）时，它含有的纤维素让血糖缓慢下降。最好是吃一点藜麦——一种富含蛋白质的谷物，它比其他谷物类含有更多的纤维素和更少的碳水化合物。将自己的淀粉摄入限制在每天2份。当你在自己喜爱的意大利餐馆进餐，并且只能选择意大利细面条和肉丸时，有一个小窍门让你可以面对必须进食的意大利面，进餐前将一半到四分之三的食物先打包，因为大厨为你准备的分量可能是你实际需要的三倍还多。

蔬菜永远不嫌多。蔬菜不仅对身体健康有益，还能增加饱足感，在减肥时可以助你一臂之力。纽约州立大学唐斯泰特医学中心的研究人员调查了超过2000名的低碳水化合物摄入者，他们发现，那些最成功的减肥者平均每天至少摄入4份低淀粉蔬菜。因为这类食物含有丰富纤维素和水分，这能够让你在低碳水化合物饮食下也能有饱腹感和满足感。但摄取水果时要注意一下，低热量水果如浆果和瓜类在超快速饮食中很受欢迎，香蕉和其他常见的水果如菠萝、橘子、葡萄以及梨都属于高糖分和高碳水化合物的水果，要少吃。

以坚果或低热量水果作为点心。将坚果加入日常饮食中，但是不要毫无顾忌地吃——一份坚果约为30克，大约等于35颗花生，24颗杏仁或18颗腰果。每天的量为2份。一份低热量水果为二分之一杯。当你在午后饥饿来袭时（或者一天的任何时间！），你也可以给自己来一杯高蛋白奶昔。

15种最佳燃脂食物

从你把这些食物放入口中的那一刻起，它们就开始帮你瘦腰。它们帮助构建肌肉，促进脂肪燃烧或仅是消化它们就可以消耗热量。现在就开始囤货吧！

杏仁和其他坚果（果皮未破坏）：
构建肌肉，降低食欲

奶制品（脱脂或低脂奶，酸奶，奶酪）：
构建强壮的骨骼，促进减肥

鸡蛋：
构建肌肉，燃烧脂肪

火鸡和其他瘦肉：
构建肌肉，强化免疫系统

浆果：
增加满足感，抑制食欲

Enova油（豆油和菜籽油）：
增加饱腹感，不易转化为脂肪储存

下接第28页

花生酱：
促进睾酮（即使女性也会大量存在）分泌，构建肌肉，燃烧脂肪

多脂鱼（如鲑鱼、吞拿鱼、马鲛鱼）：
增加饱腹感，促进脂肪燃烧

柚子：
降低胰岛素，调节血糖和代谢；请将白色的皮一同吃掉

绿茶：
促进脂肪燃烧

红辣椒：
刺激代谢

菠菜和绿色蔬菜：
抗自由基，有利于肌肉构建过程中的康复

全谷物（藜麦、糙米、全谷麦片）：
少量摄取可阻止身体囤积脂肪

豆类和豆科植物：
构建肌肉，有助于脂肪燃烧，帮助消化

乳清：
构建肌肉，燃烧脂肪

一日三餐的饮食指导

记住，吃的东西越简单越好，不要太复杂。当你的食物以蛋白质和蔬菜为主，你就开始减肥啦！以下是我们建议的15分钟超级健身餐。

早餐：打几个鸡蛋。无论你是煎还是煮，鸡蛋都是早餐的完美组成部分。加上一些奶酪、红黄椒片和西红柿片，再加上一份肉，如瘦火腿或烤肉，全新的一天从这份早餐开始。

上午点心：一把坚果、低脂酸奶、一份蛋白质奶昔或纤丝奶酪以及几颗葡萄会让你在上午的任何时间段都充满力量。

午餐：午餐应该是一大份多肉的沙拉。将大量绿叶蔬菜与吞拿鱼、鸡肉、牛肉或你选择的任何一种肉类混在一起。如果想换换口味，可以改成不带圆面包的汉堡，一些莴苣叶卷鸡蛋沙拉或吞拿鱼，或者是昨日晚餐的剩饭。

下午点心：加一些蛋白质让昏昏欲睡的下午3点变得清醒些。冰沙或者花生酱拌芹菜就很好。

晚餐：晚餐简单一点就好。来份你最喜欢的肉类食品加上蔬菜就可以了。不要让自己每晚都吃鸡肉和西兰花（尽管这道菜是黄金组合），否则你会很快感到厌烦。试着来一些烘烤的花椰菜和抱子甘蓝，用橄榄油和大蒜调味。烤芦笋和无骨牛排也不错。发挥你的创意，轻松瘦身。

更多配餐指导，请参见第16章“15道塑身燃脂美味料理”（第378页）。

喝什么呢

你喝的饮料含有的热量应低于5千卡。喝水是最简单的，但也很容易厌烦。准备一些花草茶，在家装饰上喜爱的水晶灯，在愉悦的氛围下喝茶或品味咖啡（请不要加糖）。减肥苏打水偶尔也能喝，但如有可能，请选择一些健康的软饮料。

至于酒类，不管是红酒、啤酒还是烈酒，每天喝一两杯就行了。要留心调酒里的成分。果汁、苏打和含糖饮品混合在一起，会让糖分和热量增高。所以请不要饮用。

优质蛋白质	低淀粉蔬菜*		天然脂肪
牛肉	朝鲜蓟	绿色大叶蔬菜	牛油果
奶酪	芦笋	蘑菇	黄油
鸡蛋	白菜	洋葱	椰子
鱼	西兰花	辣椒	奶油
猪肉	抱子甘蓝	萝卜	坚果与种子
禽类	胡萝卜	菠菜	橄榄，橄榄油和菜籽油
乳清和酪蛋白	花椰菜	西红柿	全脂沙拉调味品
蛋白粉	芹菜	芜菁（大头菜）	
大豆	黄瓜	西葫芦	

*除了土豆、豌豆和玉米，任何蔬菜都可以。

避免血糖快速上升

高淀粉和糖类食物会让血糖升高太快，会让你的超快速健身效果大打折扣。以下是你需要避开的危险食物：

香蕉、饼干、糖果、薯片、曲奇、多纳圈、冰淇淋、意大利面（精制）、大米（白米）、苏打、甜茶、白面包

烦恼问题解决法

如果你是第一次实行这种饮食方式，你有可能会变胖。以下指导方法可以帮助你避免这个问题。

情绪波动过大。当你改变饮食后，你的身体有时候会发出抗议，这会让你变得喜欢抱怨或更劳累。不过这只会持续几天而已。如果一个星期后还是没有改善，需要检查一下是否水分摄取不足。而且，无论如何，要摄入足够的脂肪。该种饮食方案的设计是为了让身体更好地燃烧脂肪，所以你一定要吃脂肪（重要的燃料来源）。

胃部不适。不要一下子吃太多高纤维素蔬菜，给身体足够的时间制造消化酶。如果你怀疑谷物吃得太少，纤维素摄入不够，可以每天补充一些美施达或Benifiber。

体重没变化。如果体重没降下来，请检查一下摄入的热量情况。把你的目标体重乘以10或12。这个数字就是你每天应该摄入的热量。花几天记录饮食情况，这样你会了解一天中应该吃多少食物，它们所含的热量是多少。我们中的多数人对分量都没什么概念。

第四章：
15分钟 全身塑形训练

随时燃烧卡路里、减轻体重和锻炼肌肉的最快方法全部在这里！

超快速塑形训练法

本章有各种让你快速达到目标的训练法，专门设计来帮助你燃烧多余的脂肪，打造出凹凸有致的身材，从头到脚都能兼顾，而且收效快速！这些全身塑形训练法混合了多种高能量和高挑战性的动作，能够让每一根肌纤维都运动起来。你的动作变化越多，就越能锻炼更多的运动单位（译者注：运动单位是肌肉收缩的最基本单位，由一个脊髓α－运动神经元或脑干运动神经元以及受其支配的全部肌纤维组成），从而激活和建立更多的肌肉纤维。此外，大脑和身体密不可分，我们特别增加了大脑运动的章节，如15分钟改善情绪等。它们是抗阻力训练的完美补充，通过两天开放式运动，它们会让你变得更漂亮，心情更愉快。

基本知识

是第一次接触塑形训练吗？本章的训练都很有效，但对于初次训练的人，可能会超出身体的舒适范围。所以，让我们进行一组由四种基本动作组成的简单运动。“基础快速全身训练”（第34页）的设计正是为了让你快速进入状态。在做运动时，应注意运动的姿势是否正确，并使用较轻的负重（2~4公斤），直到你有信心掌握这些动作，然后尝试难度更大的动作。为了达到最好的效果，每周最好针对自己的目标进行训练。例如，如果你要参加高中校友会，请每周固定做针对这个活动的训练，并额外加一组特定部位的运动（例如下半身运动）。一定要完成每组动作所有规定的组数和重复次数。选择合适的负重，标准为你能保持标准姿势、拼尽全力做完最后一组动作。

快速浏览：你的15分钟全身训练计划

p34

基础快速全身训练

深蹲

仰卧胸部推举

俯身上拉划船

蹬车

p38

高中校友会塑身计划1

试水式深蹲与肱二头肌弯曲

走步训练

轮流弓步与肩部推举

勇士3式肱三头肌伸展

平板支撑前举

相扑式深蹲单侧抬膝与屈腹

仰卧1–2击打式

p44

高中校友会塑身计划2

腿升高式俯卧撑

单腿触地深蹲

下蹲与推举

踏板式仰卧起坐

半跪行礼式

俯身划船

蝶式深蹲

p50

比基尼身材训练计划1

转体反向弓步与肱二头肌弯曲

硬举与上拉

平板支撑与单臂划船

深蹲腿外展与侧平举

股后肌弯曲与胸部推举

V型坐姿与斜行推举

单侧支撑与反向飞鸟

p56

比基尼身材训练计划2

哑铃推举

哑铃俯卧撑与上拉划船

反向弓步与哑铃弯举

肱三头肌臂撑体与伸臂

相扑式深蹲

杠铃弓步推举

平衡俯卧撑与杠铃推移

p62

魔鬼身材训练1

平衡球背部伸展

杠铃杆负重分腿跳

平衡球胸部推举

负重蹬车仰卧起坐

博速球平衡与蹲坐

单侧踏步与肱三头肌后伸展

弓步行走与肱二头肌弯举和肩部推举

p66

魔鬼身材训练2

转体划船

T型上拉划船

腿后弯举与肱三头肌后伸展

单侧踏步与踢腿

转体式深蹲

蝶式深蹲与弯举

体前负重分腿深蹲

p70

减压训练1

起跑式弓步提膝跳

屈膝跳跃

直角转步深蹲跳跃

驴式后踢腿

p74

减压训练2

膝部爆发力

蹲跳与提膝

快速跳绳

仰卧起坐与出拳

前踢腿

蜘蛛人俯卧撑

侧踢腿

p80

让你活力四射的塑身计划

变化版下犬式分腿

勇士3式

变化版半月弓式

树式

循环训练如何做

循环训练是快速而有效的训练方法，它既可以增加心率，也可以如抗阻力训练那样增加肌肉。在进行循环训练时，两个动作转换之间几乎不休息，如果需要休息的话，最多也只是10 30秒。只有完成规定的所有动作后，才可以回到起点重复下一轮运动。每两个循环训练之间休息1~3分钟。

基础快速全身训练

只要4个动作，就能开始燃烧脂肪，塑造出紧致又能加快新陈代谢的肌肉。正如第一章所说的，基础训练可以让全身主要肌群活跃起来，8周内就可以让你减掉2公斤脂肪，增加1公斤肌肉。如果你是抗阻训练的新手，在进行其他训练前，请先熟练该组动作。

尽全力去做：

连续完成全部动作，中间不休息。然后重复所有动作三次，每完成一轮动作休息一分钟。

深蹲

锻炼下半身的肌肉。

A

- 双脚站立与胯同宽，手握哑铃置于身体两侧。

B

- 身体下蹲如坐在椅子上，直到大腿几乎完全与地面平行（请不要让膝盖超过脚尖）。
- 慢慢起身回到起始姿势。

重复次数：12~15次。

仰卧胸部推举

锻炼胸大肌，胸部最大的肌肉。

A

- 仰卧于训练凳上，双手握住哑铃举向胸部上方。
- 手掌向外，但微微向内旋转。

B

- 放下手臂，直到哑铃与胸部齐平。
- 双手往上推，回到起始姿势。

重复次数：12~15次。

深蹲训练

深蹲训练初学者最常犯的错误是俯身前倾，这会使关节承受过多的压力，重量压到脚尖上。“正确的方法是：当你深蹲的时候，想象自己坐在一把椅子上。首先要让髋关节向后，而不是先屈膝，”加利福尼亚州伯林盖姆市的体能教练丹·约翰这样说道。“重心在脚跟上。简单的做法是假装自己站在一片纸巾上，”北卡罗来纳州美国海军陆战队特种作战司令部的首席理疗师查理·维恩格罗夫介绍说，“然后想象双脚向地板使劲推压，将纸巾向外撕裂。这个动作可以锻炼臀肌群，增加身体的负重。”

小提示：深蹲时可以不用哑铃。姿势不变，仅以自身重量作为负重。

俯身上拉划船

锻炼后背部、三角肌后束和肩袖。

A

- 直立，双手抓住哑铃，置于身体两侧。
- 身体自髋关节向前弯曲，直到背部几乎与地面平行，双臂下垂，掌心向后。

B

- 同时将双侧肩胛骨夹紧，并将哑铃拉向胸部。
- 然后将哑铃放下，回到起始姿势。

重复次数：12~15次。

蹬车

锻炼腹直肌和腹部斜肌。

A

- 仰卧于地面，膝盖弯曲成90度，大腿上抬，小腿与地面平行。

B

- 双手置于头后，将右肩抬离地面，并向左侧膝盖弯曲，同时，将右腿伸直。
- 然后右膝盖弯曲，同时身体向右膝盖弯曲，并伸直左腿。

重复次数：12~15次。

调整你的生理时钟

想早起锻炼，却又爬不起来？试试下面这个小窍门来改变自己的生物节律：连续4周强迫自己比平常早起15分钟，然后进行任何一种体育活动（比如说，走路）。“尽量让这项活动变得简单些，甚至不用换运动服，”印第安纳大学布卢明顿分校的运动生理学家约翰·拉格林教授说道。当接近第4周末的时候，你已经养成一个新的习惯，这有助于你负荷更大的运动量。

高中校友会塑身计划1

要参加高中校友会，你需要在一个月内让裤子尺码减小1~2号？没问题！以下动作能够挑战身体各部位的肌肉，同时可以训练平衡感与核心躯干的稳定度。因此身体的每一处肌肉都被调动起来，帮助你在运动过程中保持标准姿势。这些动作挑战性高，身体各处肌肉都得到运动，并且可以提高心率，由此可以消耗更多热量，并增进平衡能力，降低受伤的可能。

尽全力去做：

连续完成全部动作，中间不休息。结束后休息60秒，然后再次重复所有动作。

试水式深蹲与肱二头肌弯曲

锻炼肱二头肌和全部下半身肌肉。

A

- 这是一组很有效率的轻负重训练动作。双手握一副4~5公斤的哑铃，站在一个30~60厘米高的踏板或长凳上。双手置于身体两侧，掌心向前。
- 将左脚抬离踏板。

B

- 往下蹲几厘米，在深蹲的同时，将哑铃上拉弯曲至肩膀。此为一个反复动作。
- 然后，将右脚抬离踏板，深蹲时弯曲哑铃。

重复次数：12~15次，然后换成右腿深蹲，重复动作。

走步训练

锻炼肱三头肌和核心肌。

10

最理想的午睡时间是 10 分钟。根据澳大利亚的一项研究，短暂的小憩可以立即消除疲劳，保持头脑清醒 2.5 小时。

A

- 将博速球放于地板上，并坐在圆顶的中心部位。将双手置于臀部两侧，指尖向前，并将两只脚跟置于地面，距离博速球基座约60厘米。
- 伸直手臂，将臀部上抬离开博速球。

B

- 将右手和左脚抬起几厘米。
- 坚持1秒钟，然后放下，并用另一侧手和脚重复动作。

重复次数： 15~20次。

高中校友会塑身计划1

轮流弓步与肩部推举

锻炼肩膀和所有下半身肌肉。

A

- 这是另一组轻负重动作。双手握一副4~6公斤的哑铃，并脚站立，双手置于身体两侧。

B

- 右腿向后退一大步，落地时右脚尖朝外。
- 左腿下沉形成弓步，直至左侧大腿与地面平行，然后哑铃与上半身向下压，直到所有负重均在左脚踝两侧。

C

- 伸直左腿站起，左侧膝盖放松不使力，上半身打直，右腿往前收回，双脚回到起始姿势。
- 同时，将哑铃向上推举过头顶，掌心相对。此为一个反复动作。

重复次数：8~10次，接着重复动作，换成左脚往后做弓步。

勇士3式肱三头肌伸展

锻炼肱三头肌、核心肌、背部肌群、臀大肌和股后肌群。

A

- 手握一副轻量哑铃，身体向前倾。右腿向后方抬起，直到腿部与上半身形成字母“T”的上半部分（译者注：即保持水平，形成“一”字），双臂垂直向下。

B

- 将哑铃向肋骨方向上拉，直至手肘超过上半身。

C

- 接着伸直手臂，将哑铃拉向后方。
- 回到站立姿势，双脚着地。重复该动作，这一次将左腿置于身体后方。此为一个反复动作。

重复次数：12~15次。

高中校友会塑身计划1

平板支撑前举

锻炼肩部和核心肌。

A

- 手握一副轻量哑铃，摆出平板式姿势，两手掌心相对。.

B

- 绷紧腹肌，左臂伸直，举向身体前方，与肩同高。
- 将哑铃放回到地板上，然后重复该动作，将右侧手臂伸直，举向身体前方，同时让左侧身体保持平衡。

重复次数：12~15次。

相扑式深蹲单侧抬膝与屈腹

锻炼手臂、核心肌与下半身肌肉。

> **小提示：** 训练时使用一个4公斤的药球。在你完全熟练该动作前，不要增加负重。

A

- 双脚分开站立，与肩同宽，手握药球，置于身体前方。
- 下蹲，直至大腿几乎与地面平行。

B

- 用力将背直起，右膝保持弯曲。将右腿抬起，臀部外转使大腿内侧朝前，同时保持左腿平衡，直至右膝高于臀部。
- 同时，逆时针旋转药球，直至药球高于右肩，并将上身弯向右侧。

重复次数： 12~15次，然后换另一侧重复动作。

仰卧1-2击打式

锻炼核心肌肉、胸肌和手臂肌肉。

A

- 双手各握一个哑铃，中背部躺平衡球上。
- 将哑铃置于肩的位置，就好像在做胸部推举训练。

B

- 收紧腹部，头部屈曲，肩膀与上半身抬离球面。右手向前伸展，身体略微向左转。
- 迅速将哑铃收回至肩部，左手重复动作，同时身体略微向右转。此为一个反复动作。

重复次数： 8~10次。

高中校友会塑身计划2

这是高中校友会塑身计划的第二部，主要是锻炼胸大肌、背部肌肉和腿部肌肉。要记住：姿势正确和动作迅速将帮助你消耗更多热量。

尽全力去做：

连续完成全部动作，中间不休息。完成后休息60秒，然后再次重复所有动作。

腿升高式俯卧撑

锻炼胸部、手臂、肩膀和核心肌。

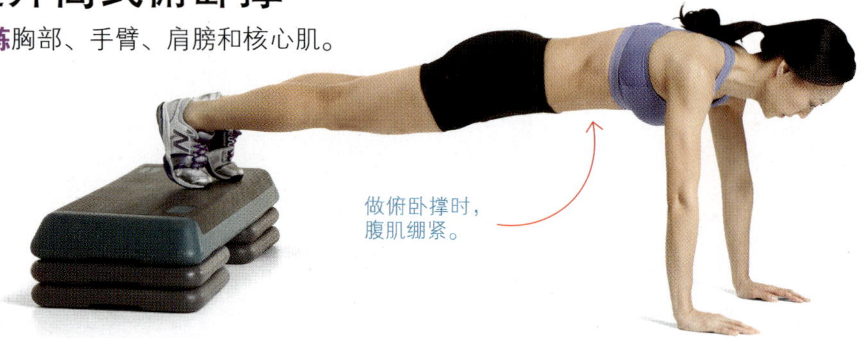

A

- 摆出做俯卧撑的姿势，双脚置于较低的踏板上，或置于抵墙而放的一摞书上， 双手放在肩膀正下方的地面上。

垫踏板的作用：
研究发现，这组训练动作可以锻炼肩部肌肉。

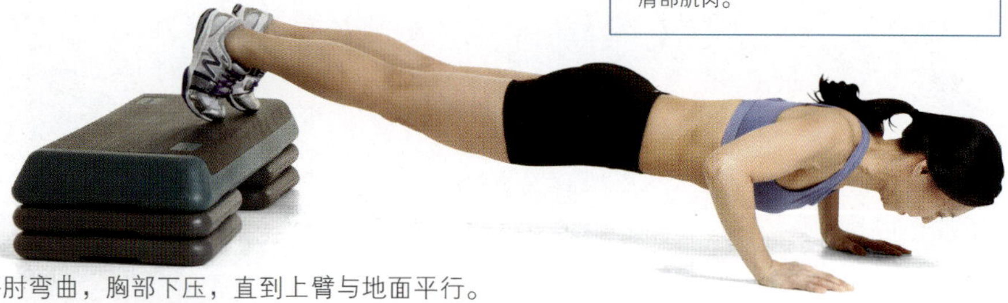

B

- 手肘弯曲，胸部下压，直到上臂与地面平行。
- 将身体推回起始姿势。.

重复次数： 12~15次。

单腿触地深蹲

锻炼臀大肌、股四头肌、股后肌群和小腿肌肉。

A

- 双手各握一个哑铃，手臂置于身体两侧。
- 呈弓步站立，左脚在前。双膝均弯曲，右膝轻触地面。

B

- 左腿站直；右腿向后伸展并抬离地面，脚尖绷直。
- 左腿弯曲下蹲，右腿伸展，只以脚尖接触地面。重复该组动作。

重复次数：左脚重复12~15次，然后右脚重复相同的次数。

高中校友会塑身计划2

下蹲与推举

锻炼手臂、肩部、臀大肌、股四头肌和股后肌群。

A

- 双手各握一个哑铃，双脚分开站立，距离与肩、臀同宽。
- 手掌朝向大腿。膝盖弯曲，臀部后坐，就像坐在椅子上。

B

- 将身体推回直立位置，同时手肘弯曲，并将哑铃举向肩膀，保持掌心向内。

C

- 完全站直后，迅速将哑铃推举过头顶。
- 把哑铃降至肩膀位置，然后置于身体两侧。此为一个反复动作。

重复次数：12~15次。

踏板式仰卧起坐

锻炼核心肌。

90

美国神经外科医师学会指出，90% 的背部问题都可以通过训练、理疗和改变生活方式而不是手术来解决。.

让这个动作更有挑战性：
将动作转换成难度更高的俄式转体蹬车训练，手臂在身体前方伸直，双手合十，伸到弯曲膝盖的外侧。

A

- 仰面躺在地板上，双脚提起，膝盖弯曲，小腿与地面平行。
- 将双手轻轻放于头后。
- 收腹，将头部和肩膀带离地面。
- 当伸直右腿时，将右肩转向左侧膝盖（作为挑战，可以将右臂伸向左膝盖外侧）。
- 回到起始姿势，并将左肩转向右膝，同时伸直左腿。此为一个反复动作。

重复次数：12~15次。

高中校友会塑身计划2

半跪行礼式

锻炼肩部、臀大肌、股四头肌和股后肌群。

A

- 左手握住一个轻量哑铃，双脚分开站立，与肩同宽。
- 右手置于腰上。

B

- 左脚向身后跨一大步，交叉至右后方，就像行屈膝礼。
- 膝盖弯曲，臀部降低，直到右大腿与地面平行。
- 与此同时，左臂在身体前方伸直上抬，与肩同高。回到起始姿势。

重复次数： 12~15次，然后将哑铃换至右手，右脚向后迈一步交叉，并重复该动作12~15次。

俯身划船

锻炼肱二头肌、肩部和背部。

A

- 两手各握一个2~4公斤的哑铃。身体直立，手臂置于身体两侧，掌心向后。
- 臀部弯曲，身体向前屈曲，手臂在身体前方垂直向下。

B

- 将肩胛骨夹紧，从肋骨两侧向上拉哑铃，然后将哑铃放下回到开始的位置。

重复次数： 12~15次。

蝶式深蹲

锻炼肱二头肌、臀大肌、股四头肌和股后肌群。

A

- 两手各握一个哑铃，自然垂于身体两侧，掌心向前。
- 两腿分开站立，脚尖朝外。

B

- 身体下蹲，大腿与地面平行。膝盖不可超过脚尖，臀部下沉但不能低于膝盖。
- 当你深蹲时，手肘弯曲，将哑铃举向肩膀弯举。回到起始姿势。

重复次数： 重复12~15次。

比基尼身材训练计划1

在这个训练计划中，每组训练都包含两个充满力量的动作，可以消除穿比基尼泳装时鼓出的赘肉。此训练计划由洛杉矶健康减肥健身中心的共同创办人卡特里娜·霍奇森设计，她说同时做两种动作——每组动作都针对不同的肌肉群，可以提高运动强度，避免单一组肌群过度疲劳。

尽全力去做：

连续完成全部动作，中间不休息。完成所有动作后休息60秒，然后再重复一次。

转体反向弓步与肱二头肌弯曲

锻炼肱二头肌、核心肌、腹部斜肌、股四头肌、股后肌群和臀大肌。

A

- 双脚站立与臀同宽，手握哑铃置于身体两侧。

B

- 左脚向后退一步，双膝弯曲，身体下降，直到右膝弯曲成90度。
- 同时，上身向右脚旋转，双臂弯曲，哑铃弯向胸前。
- 反方向动作，放下哑铃，胸部转回正面，回到站立姿势。此为一个反复动作。
- 现在右脚向后退一步，双臂弯举，身体转向左侧，同时举起哑铃。

重复次数：左右交叉做，每侧10~15次。

硬举与上拉

锻炼肩部、上背部、股后肌群和臀大肌。

A

- 双脚站立，与臀同宽，双膝微弯，两手各握一个哑铃置于身体前侧，掌心朝向大腿。

B

- 背部微弯，核心肌肉用力；身体向前倾，上半身慢慢下弯，直到与地面平行。双臂垂直下悬。

C

- 停顿一下，然后收紧臀部肌肉，并将臀部推回站立姿势。手肘向外弯，前臂抬高，将哑铃拉向胸部。
- 回到起始姿势，此为一个反复动作。

重复次数：15次。

平板支撑与单臂划船

锻炼上背部、背阔肌、肩部、核心肌和臀大肌。

A

- 双手各握一个哑铃，摆出俯卧撑的姿势；双手距离应比肩稍宽，双脚距离应宽于臀部。

B

- 髋部与地面保持平行，右肘弯曲，将哑铃拉向身体侧面。
- 停顿一下，然后慢慢将哑铃放回地板，然后左侧重复该动作，此为一个反复动作。

重复次数：15次。

深蹲腿外展与侧平举

锻炼上背部、背阔肌、肩部、核心肌和臀大肌。

A

- 两手各握一个哑铃置于身体两侧，双脚站立，与肩同宽。

B

- 核心肌肉用力，身体下降，变为深蹲姿势。

C

- 当回到站立姿势时，左脚向身体外侧抬起，同时抬起双臂，直到与肩膀形成一条直线。

重复次数：16~20次，右腿与左腿轮流抬起。

股后肌弯曲与胸部推举

锻炼胸部、核心肌、臀大肌和股后肌群。

A

- 双手各握一个轻量哑铃，仰卧于地板上，同时将小腿置于一个平衡球上。
- 伸直手臂，抓住哑铃，与地面垂直，并举在胸部正上方；掌心朝向膝盖，抬起臀部，使肩膀、臀部和腿成一条直线。

B

- 膝盖弯曲，使平衡球向臀部滚动，同时将哑铃向下拉向胸部。
- 以反方向动作回到起始姿势。此为一个反复动作。（如果在复位的过程中身体失去平衡，请将该动作分解为以下两个动作：伸直腿，将哑铃推回到开始的位置。）

重复次数：15次。

V形坐姿与斜行推举

锻炼肱二头肌、肱三头肌、肩部、上背部、核心肌和股四头肌。

A

- 双手各握一个轻量哑铃置于肩膀前方，上身倾斜成45度角；抬起小腿，直至与地面平行，膝盖保持弯曲。

B

- 以V形姿势保持平衡，核心肌用力，斜行推举哑铃离开身体，直至手臂伸直。
- 回到起始姿势。此为一个反复动作。

重复次数：12~15次。

单侧支撑与反向飞鸟

锻炼肩膀、上背部、腹部斜肌和核心肌。

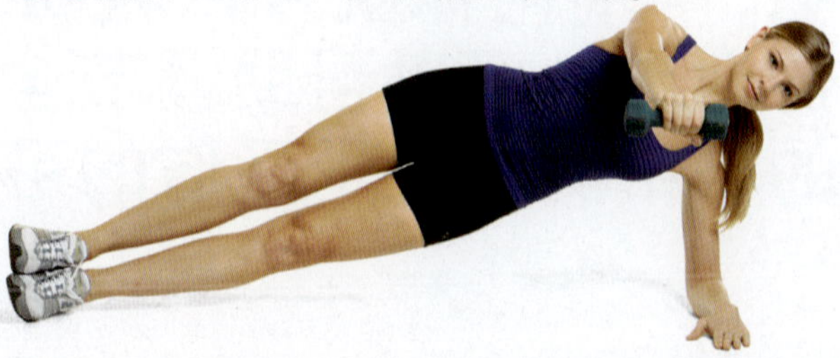

A

- 右手握一个哑铃，身体左侧卧位，用左前臂支撑身体，并将臀部抬起，使身体形成一条直线。
- 将哑铃举向身体正前方，与肩膀齐平。

B

- 将哑铃缓慢举向身体正上方，保持手臂伸直，两侧肩胛骨夹紧。
- 回到起始姿势。此为一个反复动作。
  做完整个动作，然后换至右侧支撑，用左手举哑铃。

重复次数：每侧重复12~15次。

比基尼身材计划2

想马上穿上细肩带比基尼吗？那么就做这组训练吧，4周内你就可以轻松地冲向海滩了。另有一个组合训练，可以帮助调节全身肌肉状态，改善肌肉力量的不平衡，减少受伤的可能。

尽全力去做：

连续完成全部动作，中间不休息。完成所有动作后休息60秒，然后再重复一次。

哑铃推举

锻炼下肢和肩部肌肉。

A

- 双手各握一个哑铃，握紧，手臂弯曲置于肩膀前，两手掌心相对。
- 双脚分开站立，与肩同宽，然后臀部快速下降，直至大腿与地面平行。

B

- 快速起身，并将哑铃推高过头顶，直至双臂伸直。
- 坚持1秒钟，然后深蹲时将哑铃拉回起始位置。

重复次数：每侧10~15次。

哑铃俯卧撑与上拉划船

锻炼胸部和上背部肌肉。

A

- 双臂伸直，摆出俯卧撑姿势，双脚分开，略微超过臀部，双手置于一副哑铃上，哑铃位于肩部正下方。

B

- 身体向地板方向下降，停顿，然后将身体推回到起始姿势。

C

- 在最高位置的时候，将右肘举向天花板，直至手肘超过上半身。
- 将右肘放下，再做一次俯卧撑，然后转为左侧哑铃上拉划船动作。

重复次数：每侧10~15次。

比基尼身材计划2

反向弓步与哑铃弯举

锻炼股四头肌和肱二头肌。

A

- 双手各握一个哑铃，置于身体两侧，掌心面向大腿。

B

- 左腿向后跨步约0.9米，臀部降低直到右侧膝盖弯曲90度，左侧膝盖高于地面，与此同时将哑铃向肩膀弯举。
- 回到站立姿势，放下哑铃。重复该动作，此时换为右腿向后跨步。此为一个反复动作。

重复次数：每侧10~15次。

肱三头肌撑体与伸臂

锻炼肱三头肌和髋关节伸肌。

与松弛手臂肌肉战斗
多数人都会忽视自己的肱三头肌——该肌肉位于上臂的后方。通过一点点地重建这些肌肉的形状，会让自己的手臂快速紧实、肌肉平衡，这样的重建速度要比仅仅通过弯举训练肱二头肌快得多。

锻炼肱三头肌。

A

- 坐在地板上，膝盖微微弯曲，背部抵在一个30厘米高的踏板上。
- 双手分开略宽于臀部，用手扶住踏板的边缘。
- 当伸直手臂时，脚跟推向地板。完成一次撑体。

B

- 将左臂伸向身体前方与肩同高，同时抬起右腿。
- 坚持2秒钟，然后重复该动作，开始一次撑体动作，然后抬起另一侧的腿和手臂。

重复次数： 每侧10~15次。

相扑式深蹲

锻炼臀大肌、股后肌群和股四头肌。

A

- 双手握一个负重杠铃杆，双手分开与肩同宽。
- 双脚分开站立，超过肩宽，脚尖朝外，让杠铃在下方悬垂于大腿前方几厘米的位置。

B

- 向下深蹲，直至大腿与地面平行。
- 迅速回到站立姿势。此为一个反复动作。

重复次数：10~15次。

杠铃弓步推举

锻炼核心肌、臀大肌、股后肌群、股四头肌、肩部肌肉和肱三头肌。

A

- 双手握一个负重杠铃杆，双手分开与肩同宽。
- 让杠铃杆贴近身体，上举，正好至锁骨上方。

B

- 右脚向前弓步，臀部下降直至右膝盖弯曲成90度，距离地面几厘米，将杠铃杆直接向上推举过头顶。
- 放下杠铃杆，回到起始姿势。左脚向前弓步重复该动作。此为一个反复动作。

重复次数：10~15次。

平衡俯卧撑与杠铃推移

锻炼胸部、核心肌、肩部肌肉和肱三头肌。

A

- 在杠铃的两端各加上一只2公斤重杠铃片，并将之置于地面。跪在地上，距离杠铃约一臂之长。
- 双手分开与肩同宽，手臂伸直，向前探身抓住杠铃。

B

- 将杠铃滚至肩部下方，膝盖着地完成一次简易版俯卧撑。

C

- 将杠铃尽可能地向远处滚动，但背部不能向下弯曲。
- 核心肌肉发力，将杠铃滚回起始位置。

重复次数：10~15次。

魔鬼身材训练1

昔日紧致结实的完美身材走样了怎么办？不用担心，这个训练计划可以帮助你迅速回复原有的俏挺身材。这套训练动作由美国健身协会的格里高利·弗洛雷斯设计，它融合了上拉划船和深蹲经典训练动作，并加入一些出人意料的转体特训，锻炼负责稳定身体的核心肌肉和由于运动不当而变得无力的四肢肌群。

尽全力去做：

连续完成全部动作，中间不休息。完成所有动作后休息60秒，然后再重复一遍。

平衡球背部伸展

锻炼下背部、臀部和大腿肌肉。

A

- 脸朝下趴在一个平衡球上，以球支撑骨盆。
- 双脚着地，手指轻触后脑勺。（如果难度太大，将双臂置于身体两侧。）

B

- 夹紧臀大肌，轻轻地挺起胸部。
- 坚持3秒钟，然后身体下降，回到起始姿势。

重复次数：10~15次。

杠铃杆负重分腿跳

锻炼下半身肌肉；培养爆发力。

> **小提示：** 开始时动作要慢，跳的时候控制力道，落地时变换弓步姿势。

A

- 手握一个杠铃杆站立，将杠铃杆置于颈部后方，双脚分开与肩同宽，同时左脚在右脚前0.9米位置。膝盖微弯。

B

- 臀部下沉然后跳起，两腿在空中交换位置，变成右脚在左脚前0.9米的位置。

C

- 弯曲膝盖，然后立即跳起，并再次交换双腿。

重复次数： 两侧轮流，每侧各做10~15次。

平衡球胸部推举

锻炼胸部、肱三头肌和核心肌。

A

- 两手各握一个哑铃，仰卧于平衡球上（让平衡球支撑在上背部下方）。臀部抬起，使身体从膝盖到肩部形成一条直线。
- 握住哑铃并伸直双臂，置于肩膀正上方，掌心向前。

B

- 将哑铃向下拉至两侧胸前，同时腹肌出力来保持身体不晃动。
- 停顿一下，然后将哑铃推举至起始位置。

重复次数： 10~12次。

魔鬼身材训练1

负重蹬车仰卧起坐

锻炼核心肌，特别是腹部斜肌。

A

- 仰卧在地面上，弯曲膝盖。握住一个药球放在胸前。
- 抬起左腿，上半身弯曲。
- 当身体处于仰卧起坐的最高点时，旋转上半身，使右手触碰左膝。
- 与此同时伸直右腿，就像在蹬车一样。
- 回到起始姿势，换另一边重复该动作。

重复次数： 12次。

博速球平衡与蹲坐

锻炼下半身肌肉；强化踝部肌肉。

注意： 这个动作难度较高，如果失去平衡，可能会受伤。未掌握这个动作之前最好不使用哑铃。

A

- 手握一副哑铃，置于肩膀前，掌心相对，站在博速球上，双膝微弯。

B

- 保持背部挺直，臀部与膝盖弯曲，向后蹲坐，直至大腿与地面平行。
- 停顿一下。然后回到起始姿势，并重复该动作。

重复次数： 10~12次。

单侧踏步与肱三头肌后伸展

锻炼股四头肌、腓肠肌（小腿肌肉）和肱三头肌。

A

- 站在踏板右侧，两手各握一个哑铃置于身体两侧，手肘微微超出身后。

B

- 单脚从侧面踏上踏板。
- 收紧腹肌，微向前倾。将哑铃推向身体后方，手臂伸直。
- 一次单侧踏板与后伸展为1个反复动作，从右侧下踏板，并重复该组动作。

重复次数：做15次，然后站在踏板左侧重复该动作15次。

弓步行走与肱二头肌弯举和肩部推举

锻炼股四头肌、腓肠肌（小腿肌肉）、肱二头肌和肩部肌肉。

A

- 两手各握一个哑铃置于身体两侧，右腿向前一步形成弓步。
- 右侧大腿与地面平行，保持膝盖在脚尖后方。
- 当身体下降时，将哑铃弯举至胸前。

B

- 站起时，手腕旋转，掌心朝前，完全站直后，将哑铃推举过头顶。
- 将哑铃下拉。然后左脚向前迈一步，重复该动作。此为一个反复动作。

重复次数：15次。

魔鬼身材训练2

以下这些动作难度较高，但与先前的训练动作结合进行，可持续带给身体新的刺激，让臀部肌肉变得更紧实，同时强化核心肌肉群，改善体态。

尽全力去做：

连续完成全部动作，中间不休息。完成所有动作后休息60秒，然后再次重复全部动作。

转体划船

锻炼核心肌。

A

- 坐在地上，弯曲膝盖，两手握住一个哑铃的两端置于胸前，手肘向外。
- 抬起双脚，交叉，上半身向后倾斜45度，保持背部挺直。

B

- 身体向右旋转，将哑铃向地板方向下放。
- 迅速在左侧重复该动作。此为一个反复动作。

重复次数：10~12次。

T型上拉划船

锻炼后肩部、手臂和核心肌。

A

- 两手各握一个哑铃，手臂下垂在身体两侧，掌心朝内。双脚站立，与臀同宽。
- 身体前倾，右腿伸直向后伸展，直至形成一个T型。
- 双臂下垂，掌心相对。.

B

- 肩胛骨夹紧，将手肘推举向天花板。
- 回到起始姿势，在一侧完成所有反复次数，接着换另一条腿重复该动作。

重复次数： 每侧10~12次。

腿后弯举与肱三头肌后伸展

锻炼股后肌群、臀大肌和肱三头肌。

A

- 站立，两手各握一个哑铃置于身体两侧，掌心朝内。
- 右腿后伸展，脚尖接触地面。
- 手肘弯曲90度，哑铃置于身体两侧。

B

- 上身略前倾，右手伸直向后伸展。

C

- 将哑铃拉回起始位置，同时将右脚跟向臀部弯举。
- 将腿放下至起始姿势。此为一个反复动作。

重复次数： 重复5~6次，然后换另一条腿重复该动作。

魔鬼身材训练2

单侧踏步与踢腿

锻炼臀大肌、髋关节、股四头肌和股后肌群。

A

- 站立于踏板右侧，右手握一个哑铃，右肘弯曲，哑铃放在肩膀上，掌心朝内。
- 将右脚放在踏板上，左臂向外侧方伸直，与肩同高，掌心朝下，保持平衡。

B

- 伸直右膝，同时抬起左脚，向身体前方伸直，与臀同高。
- 回到起始姿势。

重复次数：重复10~12次，然后换至身体另一侧重复动作。

转体式深蹲

锻炼臀大肌、股后肌群、股四头肌和核心肌。

A

- 双脚分开站立，与臀同宽，双手在前方伸直，与地面平行。（若想增加该动作的难度，可以在手中握一副轻量哑铃。）
- 臀部往后深蹲，直到大腿与地面平行。停顿片刻。

B

- 脚跟推向地面站起，上半身和双臂尽量向右侧旋转但以感觉舒适为主，保持双脚不移动。
- 转回正面，再做一次深蹲。
- 伸直双腿站立，身体向左侧旋转。此为一个反复动作。

重复次数：10~12次。

蝶式深蹲与弯举

锻炼肱二头肌、臀大肌、股后肌群和股四头肌。

A

- 脚站立，脚跟并拢，脚尖朝外成45度角。
- 两手各握一个哑铃在大腿侧，掌心向前。

B

- 向左侧迈一大步，身体下蹲，保持膝盖与脚尖成一条直线。
- 手肘弯曲，同时手臂向外转至身体两侧，将哑铃弯举至肩膀两侧。
- 回到起始姿势，并重复该动作，此次向右侧迈步。此为一个反复动作。

重复次数：10~12次。

体前负重分腿深蹲

锻炼臀大肌、股后肌群和股四头肌。

A

- 站在训练凳前面，身体与训练凳距离60~90厘米，两手握住一个哑铃的两端，手肘弯曲，置于胸前。
- 右腿后摆，脚背放在训练凳上。

B

- 保持腹肌绷紧，背部挺直，左腿弯曲，臀部向地板方向下沉，直到前方的大腿与地面平行。
- 将身体推回到起始姿势。

重复次数：10~12次，然后右腿向前重复该动作。

减压训练1

用爆发力训练动作赶走所有压力！这四个动作由俄勒冈波特兰的耐克全球总部体育中心训练员金姆·布莱克独创。在这组训练中，你可以通过“跳”的动作把身体抛向空中，暂时离开身体的重量，落地时再重新承受身体重量。

尽全力去做：

连续完成全部动作，每组动作间休息15秒。完成所有4组动作后，休息1分钟，然后再重复两次。

起跑式弓步提膝跳

锻炼股四头肌和腓肠肌（小腿肌肉）；锻炼爆发力。

A

- 摆出俯卧撑姿势，弯曲右膝，将右脚放在两手间。

B

- 右脚发力将身体向上推，左膝与右臂举向空中，左脚跳起离开地面。
- 回到起始姿势，然后将左脚置于双手间，与右腿一起跳离地面。

跳得更高：跳跃时，试着将大腿奋力抬向胸部。

重复次数：10~15次。

屈膝跳跃

锻炼上半身、下半身与心脏。

A

- 双脚站立，与臀同宽，两手放于身体两侧。
- 弯曲膝盖，向空中跳起，将双手举过头顶，同时双脚向外张开，膝盖与脚尖朝外。

B

- 轻轻落地，身体往下做深蹲姿势。
- 快速跳跃至起始姿势。此为一个反复动作。

重复次数：12~15次。

减压训练1

直角转步深蹲跳跃

锻炼股四头肌、腓肠肌（小腿肌肉）、臀大肌和下背部肌肉。

小提示：这也是一个非常好的热身动作，可以改善身体灵活度，为所有运动前的肌肉调整做准备。

A

- 双脚分开站立，与肩同宽，身体下沉成深蹲姿势，两臂下垂，双手接近地板。跳起，将双臂举过头部，同时身体在空中向左侧转90度。

B

- 轻轻落地，往下做深蹲姿势，然后跳起，身体向右侧旋转。

重复次数：12~16次。

驴式后踢腿

锻炼肩部、臀大肌和股后肌群。

A

- 摆出俯卧撑姿势，脚向身体后方伸展，双手在肩膀正下方。

B

- 双腿并拢，绷紧核心肌和臀大肌，然后双腿踢向空中，膝盖弯曲，将脚跟往臀部方向拉。
- 落地时，腿伸直，以脚掌轻轻着地。此为一个反复动作。

重复次数：重复12~16次。

缓解压力

如果你一直处于压力状态下，那么做多少快速训练，都不会有效果。私人健身教练保罗说，“千万不可忽视心理的、精神的、情感的因素对健康的影响，”“身体面对压力时会释放激素来应对压力，如皮质类固醇和肾上腺素，这些激素会导致水肿或发胖。”因此他给出的解决方案是，平时多运动以积蓄能量。可以尝试每天步行10分钟，专心做深呼吸，让心情平静下来。

减压训练2

武术招式健身动作不仅仅是用来自卫。猛烈挥拳与踢腿也是非常好的释放压力的好方法。该训练动作可以促进新陈代谢，塑造手臂、肩膀、腹部、大腿和臀部的完美线条。以下这些训练动作可以激起你的锻炼斗志，帮你打造魔鬼身材，同时带你进入“禅”的精神状态，调养你的身心。

尽全力去做：

在60秒内尽可能多地重复训练动作（或者根据书中的建议进行），然后再转为下一个训练动作，直到完成所有7个训练动作。休息60秒，然后再重新开始。

膝部爆发力

锻炼髋部屈肌以及其他核心肌肉。

A

- 双脚站立，左脚在前（假定自己站在一个方格中，左脚在左上角，右脚在右下角），双膝微弯，双手握拳置于下颌前，掌心朝内。

B

- 右膝迅速抬向胸部并放回地面，左脚重复该动作，保持左脚在前的姿势。

重复次数：60秒内做得越多越好。

蹲跳与提膝

锻炼股四头肌和髋部屈肌。

> **小提示**：如果想增加动作难度，在B步骤的时候做一次俯卧撑训练。

A

- 双脚站立与臀同宽，双手置于身体两侧。

B

- 弯曲膝盖，双手下沉直到地面，双脚向后跳，身体成俯卧撑姿势。

C

- 双脚往双手方向跳回，快速站起，然后右膝弯曲向上拉至胸部。
- 回到起始姿势，然后再做一次蹲跳，并换左腿提向胸部。双侧轮流做该动作。

重复次数：60秒内尽可能做得越多越好。

减压训练2

快速跳绳

锻炼腓肠肌（小腿肌肉）、股四头肌和心脏。

小提示：如果想增加动作难度，可以起跳一次，绳子转两圈。但不要跳得更高，双手在腰部位置，手腕迅速绕圈，加快转绳速度。

A

- 抓住跳绳的两端，双脚站立与臀同宽，膝盖微弯。
- 当手腕绕小圈的时候，双脚前脚掌蹬离地面，并且脚尖朝下。
- 以脚尖轻轻落地，然后迅速再次将身体向上推。请注意，双脚跳过绳子的速度越快越好。

重复次数：跳60秒。

仰卧起坐与出拳

锻炼腹直肌和腹部斜肌。

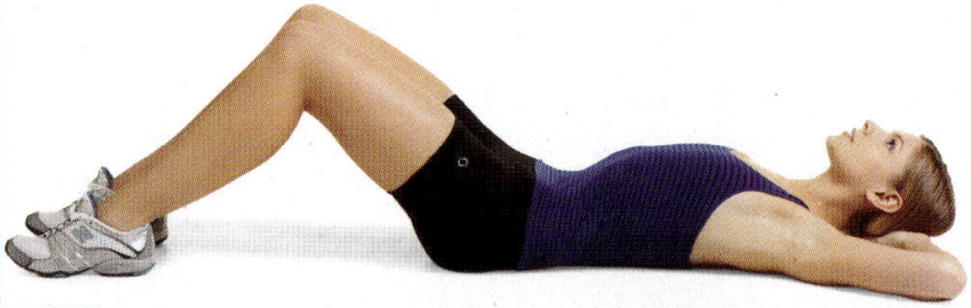

A

- 仰卧于地板上，弯曲膝盖，双脚平放在地面上。

避免颈部用力。

B

- 腹部肌肉绷紧，坐起，一只手往身体斜对侧方向出拳6次。
- 回到起始姿势。然后换对侧手重复该动作。

重复次数：60秒内尽可能做得越多越好。

前踢腿

锻炼髋部屈肌和股四头肌。

> **小提示：**动作慢点！因为髋部屈肌没有充分运动时，控制该动作会比较难。

A

- 双脚站立，左脚居于身体前侧，呈战斗姿势，双手握拳于下颌高度。
- 将左膝抬向胸部。

B

- 然后迅速往前踢腿，就好像用脚跟踢门一样。
- 迅速收回左腿，交错于右腿后方。然后右腿重复该动作，两条腿轮流完成该动作。

重复次数：60秒内尽可能做得越多越好。

减压训练2

蜘蛛人俯卧撑

锻炼胸部和腹部斜肌，增强髋关节的灵活性。

A

- 双手置于双肩正下方，摆出俯卧撑姿势。

B

- 当胸部向地面靠近时，将右侧膝盖向外旋转，靠近手肘。
- 慢慢回到起始姿势，并用左腿重复该动作。如果常规俯卧撑姿势对你来说太难，改用膝盖着地做蜘蛛人俯卧撑。

重复次数：在60秒内，左右腿交叉进行该动作，次数越多越好。

侧踢腿

锻炼背部、股四头肌、肩部肌肉以及髋部的屈肌和外展肌肉。

A

- 左脚在前站立，双膝微屈，双手握拳。

B

- 抬高右膝并将大腿拉向胸部。

C

- 旋转髋关节和右脚，并将右腿往侧面踢，脚跟往前推，同时右手挥拳。
- 快速放下右腿，交错放于左腿前。
- 左腿重复踢腿动作，换左手出拳，两侧轮流进行。

重复次数：在60秒内，两侧轮流完成动作。

让你活力四射的塑身计划

有时候身体最需要的是获得平静和满足。近来的研究表明，瑜伽姿势可以缓解疲劳，调整应激激素皮质醇的水平——皮质醇过低容易让人变得无精打采。本节的系列瑜伽姿势可以锻炼核心肌肉，让你由内而外焕发活力。同时它们可以挑战你的平衡能力，让你注意力更集中。在训练过程中，请做平稳的深呼吸，吸入更多氧气，让思维更敏捷。这些拉伸运动可以缓解肌肉紧张，运动后整个人会感到舒适、放松且愉悦。

1分钟热身运动

扔掉那些常规的伸展运动吧，试一试动感瑜伽！加利福尼亚州圣塔莫妮卡市的瑜伽健身中心教练萨拉·艾凡赫说，“热身运动应包括流畅、平缓的动作，以促进血液循环”，幻椅式流动瑜伽热身运动可以帮你舒展全身。做完一组动作后要进行一次深呼吸。

请这样做：双脚分开站立与臀同宽，十指交叉放在后背下方，保持手臂伸直。头向后仰，身体呈微弓形。然后呼气，身体尽量向前倾，同时十指交叉双手伸向天花板。双手放开，膝盖弯曲约45度并抬起胸部，双手抬高至头上方与耳朵成一条线，掌心相对。重复整个动作10次。

尽全力去做：

按顺序完成每个动作，保持姿势过程中深呼吸10次（大约60秒）。换身体另一侧重复这些动作，然后再换成对侧，直到身体每侧都完成该动作两次。

变化版下犬式分腿

A

- 以俯卧撑姿势开始，抬起臀部，脸朝下。呼吸5次。

B

- 将左脚跟向天花板方向抬高，然后慢慢将右前臂放低至地面。
- 手掌保持平贴地面，十指张开以稳固支撑身体。

保持姿势：做10次呼吸，然后换右腿重复该动作。

勇士3式

A

- 从变化版下犬式分腿开始，伸直手臂，将一只脚置于两手之间。

B

- 将重心转向两手之间的脚上，同时抬起另一只脚。
- 同时，抬起上半身直到与地面保持平行，并将手臂向前伸展。

保持姿势： 做10次呼吸，然后换为另一只脚重复该动作。

变化版半月弓式

A

- 从勇士3式开始，将双手放在地上。
- 将臀部向左侧旋转。

头部和颈部放松，会更容易扩展胸部。

B

- 往天花板方向举起左手。
- 左膝向后弯，左手向后抓住左脚。

保持姿势：做10次呼吸，然后换右脚和右手重复该动作。

树式

A

- 从变化版半月弓式开始，将臀部和肩膀转回面向地板，然后用核心肌肉带动身体回到站姿。
- 将左脚底放在右大腿内侧。
- 将手臂向上伸直过肩。

保持姿势：做10次呼吸，然后换右脚重复该动作。

第五章：15分钟腿部与臀部训练计划

让大腿和臀部紧致，
轻松穿上最喜欢的
紧身牛仔裤！

超快速爱上下半身训练计划

女性最爱抱怨的身体部位大多集中于下半身：大腿、臀部和小腿！作为女人，我们天生易于在腰部以下囤积脂肪，以便在最需要的时候为身体提供能量。对于这个事实，下半身长胖似乎不足为奇。因此如果你想拥有穿上紧身牛仔裤的身材，你需要做两件事情：一是燃烧脂肪，二是锻炼臀部，让臀部上翘、紧致！

基本知识

为达到最佳训练效果，你每周应该花两天完成一种或多种训练动作。记得在两次训练间留出一天休息给肌肉时间恢复。（你也可以搭配其他章的15分钟训练，让上半身变得更丰满。）按照指定的“重复次数”和“组数”进行训练，负重训练时，选择的重量标准为做完最后一组时仍能拼尽最后一点力气把标准动作做完。如果你感到很吃力，那就减轻负重，在身体强壮后再增加负重。

快速浏览：你的15分钟腿部和臀部训练计划

P88

美臀训练

芭蕾式深蹲
半跪式深蹲后抬腿
俯卧式髋伸展
溜冰式登高
俯卧式髋外旋转
深蹲猛推
哑铃负重直腿硬举

P94

翘臀训练

1¼杠铃杆深蹲
前弓步式抬腿
相扑式深蹲与抬腿
桥式抬臀与脚跟滚球
双腿交叉式硬举
哑铃提升推蹬
桥式抬臀踏步

P98

消除臀部赘肉训练

转向弓步
水龙头式伸展
反向弓步与单臂推举
侧向踏步
球靠墙深蹲
45度弓步
静态深蹲与前平举

P102

高筒靴完美小腿训练

上举过头深蹲
踮脚尖运动
单腿深蹲
屈膝式脚跟上抬
弓步踏板

P106

瘦大腿内侧训练计划

侧弓步伸展
单腿深蹲
四肢着地式髋伸展
单侧弓步与单膝平衡
侧摆腿
左右摆腿
改良版抬举臀部和腿部

P110

穿上紧身牛仔裤训练计划

深蹲弓步式屈腿
哑铃负重相扑式深蹲
稳定性弓步
哑铃负重屈膝硬拉
单腿单臂式伸展
垫高式反向弓步
滑轮上拉

肌肉的魔力

你的双腿绝不仅仅是带你爬楼梯和从椅上站起来。锻炼大腿前面肌肉（股四头肌）、内侧肌肉（大腿的内收肌）、臀部肌肉（臀大肌、臀中肌和臀小肌）、大腿后部肌群和小腿腓肠肌，也可以帮你减肥，甚至可以帮助你缩小腹部。双腿是人体最大的肌群，它本身也消耗大量的卡路里。深蹲和弓步训练是所有训练中最有效的消减卡路里的运动，因为这些动作会用到身体最大面积的肌群，包括核心肌。而且，当你加强臀部和下背部的肌肉训练时，你自然也拉伸了下腹部肌肉，凸出的小腹也获得改善。

美臀训练

身上赘肉太多很烦人？不用担心，你现在有机会甩掉它们。以下训练可以加速新陈代谢，从各个角度锻炼臀部肌肉，消减脂肪，让臀部变得更紧致。

尽全力去做：

连续完成全部动作，中间不休息。然后重复所有动作两次。

芭蕾式深蹲

A

- 正手握一个7~9公斤的杠铃杆，双手距离大于肩宽。
- 将杠铃杆置于肩胛骨上，两腿分开超过肩宽，脚尖朝外。
- 深蹲，直至大腿与地面保持平行。

B

- 从深蹲的位置开始，以脚尖为轴心，身体向左旋转90度。
- 回到中心位置，站立，然后重复该动作，这次转向右侧。此为一个反复动作。

重复次数： 12~15次。

半跪式深蹲后抬腿

A

- 双手握住一副哑铃，双脚分开站立与臀同宽，双手置于身体两侧。
- 右脚交叉至左脚后方，稍微偏向左脚脚跟方向，脚尖着地，距离身后约90厘米。

B

- 保持右脚脚跟抬起，尽力向下深蹲，让左膝越过脚尖。

C

- 伸直左腿，右腿向后尽力抬高，上半身向地板方向下沉。回到起始姿势。

重复次数：12~15次，然后在对侧重复该动作。

美臀训练

俯卧式髋伸展

A

- 脸朝下趴在条形长凳或脚凳上，双腿悬于长凳外侧沿。

B

- 腹肌用力，双腿抬起直到身体形成一条直线。然后，慢慢将腿抬高，以感到舒适为限。
- 坚持5秒钟，然后慢慢放下，此为一个反复动作。

重复次数：10~12次。

溜冰式登高

A

- 双手握一副2~7公斤的哑铃，置于臀部高度。面向踏板站立，右脚置于踏板上。
- 胸部稍微向前倾斜，左腿向后成弓步，右膝弯曲90 度。

B

- 从此位置开始，左脚抬起与右脚并拢踩在踏板上。深蹲，并保持2秒钟。
- 站立，回到起始姿势。此为1个反复动作。换另一只脚重复该动作。

重复次数： 每只脚重复10~12次。

俯卧式髋外旋转

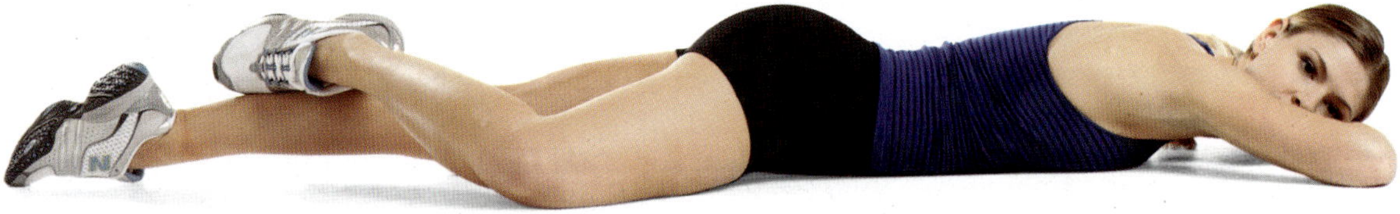

A

- 脸朝下趴在地板上，双臂叠放于头部下方，腿在身后伸直。
- 右腿弯曲，膝盖向外置于地板上，并将右脚置于左膝上，两侧髋关节都挨着地板。

小提示： 不要小看这个动作——这是针对大腿外侧肌群最有挑战性、最有效的动作之一，对臀部肌肉有重要的影响。

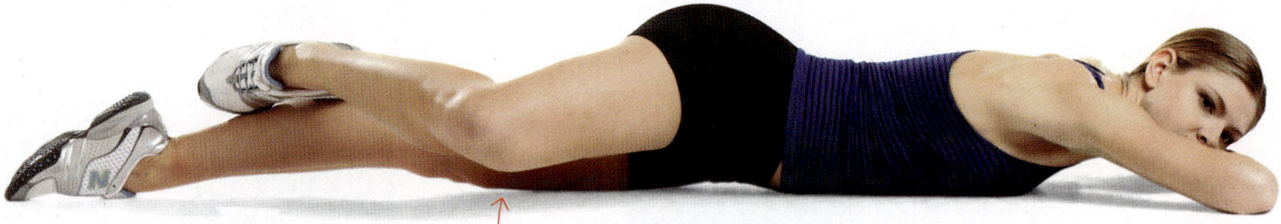

将膝盖抬离地面几厘米。

B

- 右侧臀部收紧，右膝抬离地面几厘米，同时试着让髋关节下沉。
- 停顿一下，然后回到起始姿势。

重复次数： 每条腿重复做12~15次。

深蹲猛推

A

- 双脚并拢站立，双手置于身体两侧。

B

- 弯曲膝盖，双手置于脚前的地面上，双臂贴着膝盖外侧，将重心移到手掌上。

想增加动作难度，可以做一个俯卧撑。

C

- 用双手作支撑，双脚向后跳起，落地时身体成一条直线。
- 双脚向前跳，回到B位置。然后站立。此为一个反复动作。

重复次数：12~15次。

哑铃负重直腿硬举

A

- 双手各握一个2~4公斤的哑铃，至于大腿前侧，掌心朝后，双脚张开与臀同宽，膝盖微弯。

B

- 髋部屈曲，让身体几乎与地面平行，哑铃悬垂空中。
- 回到站立姿势，让哑铃贴近身体（就好像用哑铃刮腿一样）。此为1个反复动作。

重复次数：8~10次。

翘臀训练

无论你是天生的扁平臀，还是因为长期坐办公室缺乏锻炼导致臀部松垮，都可以通过以下训练动作让臀部肌肉（臀大肌、臀中肌和臀小肌）动起来，打造挺翘、圆润、结实的臀部！

尽全力去做：

按顺序完成全部动作，中间不休息。然后再重复所有动作两次。

1¼杠铃杆深蹲

A

- 将杠铃杆置于上背部，双脚分开与臀同宽，掌心朝前。

B

- 弯曲膝盖，使臀部下降，直至大腿与地面平行。
- 将身体向上推回四分之一。
- 停顿一下，然后下蹲回到大腿与地面平行状态，再次停顿。然后回到起始姿势。此为一个反复动作。

重复次数：12~15次。

前弓步式抬腿

小提示：收紧臀部，眼睛直视前方，保持平衡。

A

- 两手握一副5~7公斤的哑铃，双脚并拢站立，双手置于身体两侧。
- 左脚向前迈一步，弓步向前，然后髋关节下沉，直到左右膝盖成90度角。

B

- 抬起左腿，用右腿将自己拉回至站立体位，使左大腿与地面平行。
- 以右腿保持平衡约1秒钟，然后回到起始姿势。

重复次数：弓步与抬腿各做12~15次。

相扑式深蹲与抬腿

A

- 正手握住一个7~9公斤的杠铃杆，双手距离超过肩宽。
- 站在一个约30厘米高的踏板或长凳的右侧，距离约70厘米。
- 将杠铃杆置于肩胛骨上。左脚踏上踏板，然后深蹲，直到大腿几乎与地面平行。

B

- 站起身，左腿伸直，右腿向外侧抬起。
- 以左腿保持平衡1秒钟，然后回到起始姿势。

重复次数：做12~15次，然后在对侧重复该动作。

翘臀训练

桥式抬臀与脚跟滚球

A

- 仰卧在地上，小腿放在一个平衡球上，手臂置于身体两侧，掌心向下。
- 臀部抬高，与脚跟、肩部成一条直线。

B

- 抬起右腿，直到脚底朝向天花板。

C

- 将左脚跟用力踩向平衡球，将球滚向臀部。
- 将球滚回原处，并重复该动作。

重复次数： 保持臀部抬高，重复滚动的动作12~15次。然后另一侧腿重复该动作。

双腿交叉式硬举

A

- 两手各握一个2~7公斤的哑铃，右脚在左脚前站立。

B

- 臀部前倾，左腿向后抬起，直到身体几乎与地面平行，同时哑铃垂直置于肩膀下方，与肩膀成一条直线。
- 回到起始姿势。此为一个反复动作。

重复次数： 12次。然后换另一侧腿抬高重复该动作。

哑铃提升推蹬

A

- 两手各握一个2~5公斤的哑铃，站在一个长凳或踏板前，然后将右脚稳稳置于踏板上。

B

- 右脚后跟向下压，将身体往上推，直到右腿完全伸直。
- 慢慢往下回到起始姿势。

重复次数：右腿重复10~12次。然后在左侧重复该动作。

桥式抬臀踏步

A

- 仰卧于地面，弯曲膝盖，双脚平放于地面。双手放在地面上，与肩同高，掌心向下。
- 抬升臀部，使肩膀、身体与膝盖形成一条直线。

B

- 腹肌绷紧，右膝向胸部抬起。
- 保持此姿势数两个数，然后放低右脚。在另一侧腿重复该动作。此为1个反复动作。

重复次数：5~10次。

消除臀部赘肉训练

如果你的臀部看上去像一个失血的心脏，赘肉向两边挤压下来，就表示你大腿外侧的肌肉需要加强锻炼了。以下动作可以让那些顽固的松松垮垮的赘肉变紧并缩小，让下半身光滑圆润、性感有型。

尽全力去做：

连续完成全部动作，中间不休息。然后重复所有动作两次。

转向弓步

A

- 双手各握一个2~7公斤的哑铃。双脚分开站立与臀同宽，手放于身体两侧。

B

- 左脚向前跨一大步，然后绷紧腹肌，身体转向左侧，同时左膝弯曲，身体下降。左膝应该弯曲成90度角。右腿保持微弯。

C

- 将身体转至正中心，然后左脚蹬地，回到站姿。
- 右脚重复该动作。

重复次数：10~15次。

水龙头式伸展

A

- 四肢触地，膝盖在臀部正下方，手位于肩膀正下方。

B

- 右膝保持弯曲，尽可能上抬，向外侧伸展。

C

- 然后右腿向后伸展，与上半身形成一条直线。
- 停顿一下，然后将右腿带回到起始姿势。在左侧重复该动作。

重复次数：12~15次。

反向弓步与单臂推举

A

- 右手握一个2~7公斤的哑铃，将其置于右侧肩旁，掌心向内。

B

- 右脚向后退一步，然后身体下降，直到膝盖弯曲成90度（右膝几乎贴着地面），同时将哑铃推举至肩膀正上方，腰部不可弯曲或倾斜。
- 将哑铃放下回到起始位置，同时快速蹬地站立。此为一个反复动作。

重复次数：10~15次，然后换左手举哑铃，左脚后退一步，重复该动作。

消除臀部赘肉训练

侧向踏步

A

- 双脚分开站立，比臀稍宽，脚外转45度。
- 向下深蹲，膝盖在脚踝上方。

B

- 左脚向外侧跨出，膝盖保持深蹲并弯曲。
- 右脚向左迈出一步，将身体带回开始的姿势。
- 继续向相同的方向迈步，向左迈10步，然后再向右迈10步。

重复次数： 每侧10次。

球靠墙深蹲

A

- 将平衡球置于下腰部和墙面之间，两手握一个5~9公斤的哑铃，置于两腿中间。
- 双脚分开站立，距离微宽于臀部，脚尖外转。

B

- 收紧腹肌，数4个数让身体下蹲，直到膝盖弯曲成90度。
- 坚持这个姿势数4个数，然后再数4个数并慢慢站起。

重复次数： 10~15次。

45度弓步

A

- 双脚分开站立，与臀同宽，双手在身体两侧。

B

- 左侧45度弓步，保持臀部向前，右腿伸直。
- 停顿一下，然后回到起始姿势。此为一个反复动作。

重复次数：10~12次，然后右侧重复该动作。

静态深蹲与前平举

A

- 平衡球置于下腰部和墙面之间，两手各握一个2~4公斤的哑铃，置于身体两侧，掌心相对。
- 向前走一步，双脚分开与肩同宽，背部靠在平衡球上。

B

- 腹肌与臀部绷紧，然后臀部下降，直到膝盖弯曲成90度。
- 保持这个姿势，将双手慢慢从身前抬起与肩同高。然后放下，再抬起，如此7~9次以上。
- 起身站立，回到起始姿势。

重复次数：8~10次。

高筒靴完美小腿训练

线条完美、性感的小腿，不管搭配何种样式的高筒靴、低跟鞋，还是各种长度的短裤、七分裤、紧身裤或者裙子，看上去都会美艳动人。强健的小腿可以保护膝盖，让你远离慢跑者的噩梦——胫腓骨疲劳性骨膜炎（跑跳运动后小腿腿骨疼痛）。以下训练通过一系列平衡运动和单独部位的运动，充分锻炼小腿的平衡性，真正燃烧小腿脂肪。

尽全力去做：

连续完成全部动作，中间不休息。然后重复所有动作三遍。

上举过头深蹲

A

- 双脚分开站立，稍宽于肩膀，脚尖稍向外转。
- 抓住一条卷起的毛巾，双手分开与肩同宽，并将毛巾举过头顶，双肩与脚跟大致成一条直线。

B

- 尽量深蹲，双膝不要超过脚尖。
- 回到起始姿势。此为一个反复动作。

重复次数：10~15次。

毛巾可以帮助你拉正双肩。如果没有毛巾，可以把双手举过头顶，但要保持肩膀向后，与脚跟成一条直线。

踮脚尖运动

A

- 这个动作可以在任何一个踏板或平台上完成。站在一个踏板上，双脚稍微分开，脚跟悬空向下。

B

- 然后踮起脚尖将身体向上推。
- 慢慢放下，然后重复该动作。

重复次数：10~15次。

少看电视也能减肥

按下遥控器开关，关掉电视，你就可以减掉好几公斤肉。根据发表在《内科学档案》的一项研究中，把每天看电视的时间减掉一半的人，因为身体活动量增加了，每天可以多消耗120千卡热量。美国人花在电视上的时间是每天5小时。按照上述研究结果，每年可减少5.4公斤的体重。

高筒靴完美小腿训练

单腿深蹲

65

65% 的前交叉韧带（ACL）手术都源于运动相关的损伤。

控制好力量，慢慢完成该动作。像深蹲这类平衡动作，也可以活动到支撑膝关节的最小肌肉。

A

- 左脚站在一个踏板上，右腿悬于身后。

B

- 左膝弯曲，直到大腿几乎与地面平行。手臂伸直保持平衡，并用力将臀部和右腿推回到原位。

重复次数：12~15次，然后右脚踩在踏板上重复该动作。

屈膝式脚跟上抬

A

- 双脚站立，脚跟并拢，脚尖向外，双手放在胯部。
- 腿伸直，两脚跟向上提离地板。

B

- 脚跟离地，双膝微弯成屈膝式。
- 然后，脚跟放下回到地面，接着再向上提起，一直保持屈膝式。
- 再次放下和提起脚跟，直到累了为止。

重复次数：保持姿势正确，动作做得越多越好。

弓步踏板

A

- 手握一副2~5公斤的哑铃，站立于一个训练凳前方，距离约40~90厘米。
- 将左脚放在训练凳上。

B

- 左脚跟向下用力，将右腿向上拉起。
- 右脚仅以脚尖触碰训练凳。
- 右腿先回到地面，再换左腿。
- 重复该动作，右腿弓步踏板。此为一个反复动作。

重复次数：10~12次。

瘦大腿内侧训练计划

大腿肥胖是很多女性为之烦恼的。如果你嫌它太胖不好看，有时候我们需要锻炼大腿，尤其是大腿内侧，通常因为锻炼不当变得松软。以下训练包括单腿训练和局部训练。

尽全力去做：

连续完成全部动作，中间不休息。然后重复所有动作两次。

侧弓步伸展

A

- 手握一副5~7公斤的哑铃，双脚站立，哑铃置于身体两侧。
- 右腿伸直，脚尖向前，左侧弓步，左侧臀部下蹲，直到大腿与地面平行。
- 弯曲臀部，将哑铃置于左侧小腿的两侧。

B

- 身体回到中心位置。
- 然后左腿向后迈一步，做一个后弓步。
- 弯曲臀部，将哑铃放在右侧小腿两侧。回到起始姿势。

重复次数：12~15次，然后换成右腿弓步。

单腿深蹲

下蹲时，哑铃离身体越远越好，有益于锻炼臀部。

A

- 右手握一个2~4公斤的哑铃置于身体右侧，右脚抬起，用左脚保持身体平衡。
- 右臂抬起至肩膀水平，向身体前方伸直。

B

- 向下深蹲，尽力让左腿几乎与地面平行。（这一动作非常难完成！）
- 停顿一秒钟，然后将身体推回到起始姿势。

重复次数：12次，然后换成另一侧的腿与手臂重复动作。

四肢着地式髋伸展

A

- 四肢着地。

B

- 一条腿向后抬高，膝盖保持90度弯曲，直到脚底朝向天花板。放下，重复该动作。

重复次数：每侧做10~12次。

保护膝盖

经常运动的女性发生膝盖前交叉韧带（ACL）损伤的概率比男性高出8倍。但你可以通过一些运动来保护自己。最有效的预防ACL损伤的方法是挑战平衡能力的运动，如本页的单腿深蹲，将单腿平衡训练加入常规的肌肉训练中，可以加强肌肉对膝关节的支撑。尝试一下：左脚站立，右膝微弯，左脚离开地面几厘米。从臀部往前弯，使右手碰到左脚踝，当身体向前弯时，右腿要自然向后。回到站姿，重复10~15次，然后用右脚保持平衡完成该动作。

瘦大腿内侧训练计划

单侧弓步与单膝平衡

A

- 站立，双手握一副5~7公斤的哑铃，背对一个30厘米高的踏板或训练凳，距离其约90厘米左右。
- 左脚尖放在训练凳上，身体下蹲成弓步姿势。

B

- 右腿伸直，将左膝带回身体前方，抬腿，直到左侧大腿与地面平行。
- 右腿保持身体平衡1秒钟，然后回到起始姿势。

重复次数： 12~15次，然后换身体另一侧重复该动作。

侧摆腿

A

- 以前臂撑起身体：手肘在肩膀正下方，脚尖弯曲。

B

- 身体必须呈一条直线。腹肌绷紧，右腿向上抬起约25厘米。
- 用前臂和左腿保持身体平衡，坚持5~10秒钟，换成另一条腿，在身体另一侧重复该动作。

重复次数： 每侧10~12次。

左右摆腿

A

- 站立，双手在前方扶住一个稳定的物体，如椅子等。
- 右腿向外侧摆动，越高越好。

B

- 然后右腿向下摆回并交叉至左腿前方。此为一个反复动作。

重复次数： 12~20次，然后换成另一条腿重复该动作。

改良版抬举臀部和腿部

A

- 将毛巾缠绕在负重杠铃杆的中间部分，杠铃下面放置一个垫子（要确保杠铃的重量能够压住双脚）。
- 背对杠铃跪在垫子上，将脚踝固定在杠铃杆下方，中间铺上一条毛巾。

慢慢往前倾时，臀部和大腿后部肌肉绷紧，背部挺直。

B

- 上半身慢慢往地板前倾。

C

- 当脚用尽全力时，用手臂支撑身体。
- 双手用力将身体推起，回到起始姿势。

重复次数： 10~12次。

穿上紧身牛仔裤训练计划

在每个女性的衣柜里，都藏着一件无法舍弃的宝贝——在你最苗条的时候，随意穿上都性感的紧身牛仔裤。现在，你因为没法子把自己塞进牛仔裤而愁眉不展。没关系，我们已经为你设计重新穿上紧身牛仔裤的健身计划。以下几组高能量运动可以消耗大量卡路里，同时从各个角度帮你收紧下半身的肌肉。

尽全力去做：

连续完成全部动作，中间不休息。然后重复所有动作两次。

深蹲弓步式屈腿

A

- 站立，双脚分开与肩同宽，手臂置于身体两侧，臀部下蹲，直到大腿与地面平行。
- 将身体推回到起始姿势。

B

- 左脚向前迈一大步，身体下蹲，直到左侧大腿与地面平行。

C

- 左腿将身体向上推起，同时将右脚跟向臀部弯曲。
- 此为一个反复动作。右脚向前迈一大步重复该动作。

小提示： 想增加动作难度，可以增加2~4公斤的哑铃负重。

重复次数： 20次。

哑铃负重相扑式深蹲

A

- 双手握住一个哑铃的两端，置于腰前。
- 双脚分开，距离约肩宽的两倍，站立，两脚尖微向外转。

B

- 臀部向后推，膝盖弯曲，让身体尽可能地下蹲。
- 停顿一下，然后将身体推回到起始姿势。

重复次数：10~12次。

稳定性弓步

A

- 双脚分开站立与肩同宽，双手放在身体两侧。
- 右膝抬起，直到大腿与地面平行，同时双手高举过头、合掌。

B

- 坚持5秒钟，然后右脚慢慢放下，形成前弓步。
- 将左腿向前带，回到起始姿势。此为一个反复动作。

重复次数：每条腿重复10~12次，两侧轮流进行。

穿上紧身牛仔裤训练计划

哑铃负重屈膝硬拉

小提示：当你将哑铃拿起或放下的时候，要让哑铃尽量贴近身体。

A

- 将一副5~7公斤的哑铃置于身前地面上。
- 深蹲，保持挺胸，正手握住哑铃。手臂应伸直，下背部微微弓起，不要弓背。

B

- 臀部收紧，抓起哑铃，把臀部向前推，站立，双腿站直，上半身往后挺直。
- 慢慢将哑铃放回到地板上。此为一个反复动作。

重复次数：10~12次。

单腿单臂式伸展

A

- 站立，重心放左脚，右手举到身体前方。

B

- 上半身往前弯，右腿向后抬起，直到身体与地面平行。
- 臀部与大腿后部肌群收紧，回到起始姿势。此为一个反复动作。

重复次数：10~12次，然后转换至身体另一侧重复该动作。

垫高式反向弓步

A

- 站在一个15厘米高的踏板或箱子上，双手置于腰部。

B

- 左侧臀部收紧，左腿向后迈开、下蹲，直至右侧膝盖弯曲呈90度。
- 停顿一下，然后用右腿将身体推回到起始姿势。此为一个反复动作。

重复次数： 4~6次，然后在身体右侧重复该动作。

滑轮上拉

小提示： 基于安全考虑，请使用绳把固定器。

A

- 站在滑轮前方约60厘米处，少许负重（只有能够完成该动作时才可增加负重），将缆绳调到最低处。
- 背对滑轮机，双脚分开与肩同宽，然后臀部下蹲，直到大腿几乎与地面平行。
- 手从两腿之间向后抓住缆绳的手柄。

B

- 保持头部抬高，脚跟紧抵地面，双腿伸直站起。
- 停顿一下，将滑轮放回，重复该动作。

重复次数： 10~12次。

第六章：

15分钟穿上无肩带、无袖、露背装训练计划

15分钟让松垮的肱三头肌变紧实，
拥有紧致、线条鲜明的手臂与肩膀，
秀出你的自信！

超快速穿上无肩带、无袖、露背装训练计划

手臂和肩膀会给人留下很重要的第一印象！完美的上身不仅展现力量与自信，还会让你看上去更加亭亭玉立。原因是上背部的肌肉可以帮助肩膀向后下方拉（模特站立式即为肩膀向后下方），让你站得更直，看上去更高，而不是弯腰驼背。当然，这组动作还有一个好处是，可以将胸部上提，塑造坚挺的好形象。结果就是：你在各种场合下都能展现自己的性感身材，而且充满自信！

快速浏览：你的15分钟上半身训练计划

肌肉解剖课

快来认识这些重要的肌肉，它们都有助于塑造性感的手臂和充满诱惑的身材。

胸肌：该肌群强健有力会让你的胸部（乳房）上挺。

三角肌：构成肩膀的肌肉，由三部分组成。

背阔肌和斜方肌：塑造漂亮的背阔肌可以让你随时穿露背装，背阔肌起于下背部，沿着脊椎和臀部直到上臂内侧。斜方肌是三角形的肌肉，它位于上背部，帮你抬头挺胸。

肱二头肌：位于上臂前侧，可以帮助你提起购物袋。

肱三头肌：位于上臂背侧（后侧）。锻炼该组肌肉可以消除松松垮垮的“鸡翅膀”（很多女性都很讨厌这一点）。使用哑铃锻炼肱二头肌和肱三头肌，不用担心胳膊会变粗。

基本知识

本章的各种运动计划，都可以锻炼肱三头肌、肱二头肌、肩膀、上背部和胸部。好消息是，女性的上身通常比下身纤瘦，做这些训练动作很快就能看见成果。

每周花两天时间做一种（或多种）运动，中间休息一天。你也可以选一组喜欢的动作搭配其他章节的动作一起进行。当进行负重锻炼时，要按照规定的重复次数去做，负重的标准为你做最后一个动作时，只能挤出最后一点力气以标准姿势完成该动作。

穿上紧身背心装训练计划

紧身背心会全方位展现你的身材：你的上背部、肩膀、上胸部和胸部两侧。想要浑然一体的美丽身形，需要从各个角度来进行锻炼。以下动作可以帮助你塑造从细吊带中展露的肌肉，同时让你的核心肌肉紧致、结实。

尽全力去做：

连续完成全部动作，中间不休息。然后重复所有动作，中间休息一分钟。

站姿V型平举

A

- 双手握一副轻量哑铃，双脚分开站立与肩同宽，手放在身体两侧，掌心朝内。

B

- 手伸直，但关节不要锁紧，双手呈V型将哑铃举起，直到手臂与地面平行。
- 坚持1秒钟，然后回到起始姿势。

重复次数： 12~15次。

如果肩膀不好，做该动作的时候不要使用哑铃，或用一副轻量哑铃。

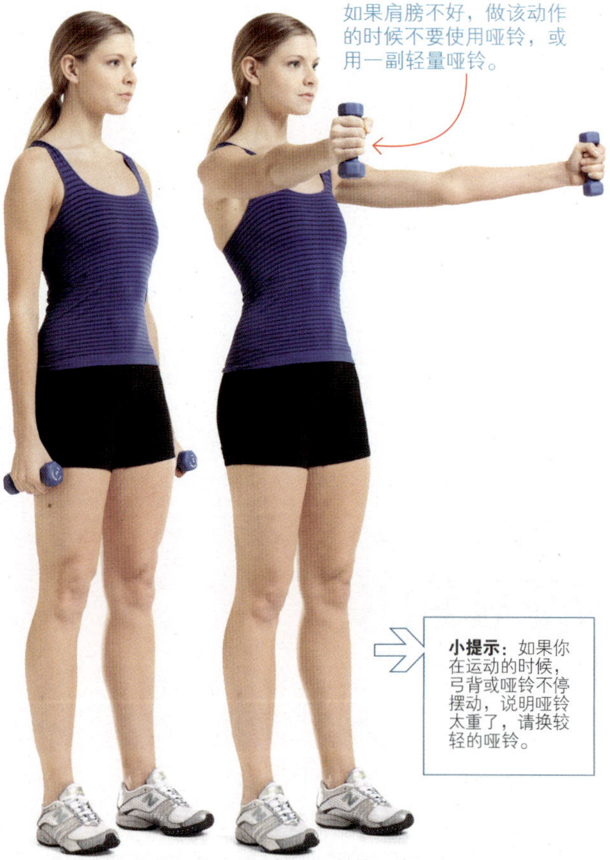

小提示：如果你在运动的时候，弓背或哑铃不停摆动，说明哑铃太重了，请换较轻的哑铃。

肩上推举

A

- 两手各握一个哑铃，双脚分开站立与肩同宽，膝盖微弯。
- 将哑铃置于肩膀上方，掌心相对。

B

- 将哑铃向上推举过头顶，直到手臂伸直。
- 坚持一秒钟，然后用三秒钟的时间将哑铃放回肩膀位置。

重复次数：6~8次。

一份甜点，两个叉子

夫妻或情侣一起减肥更容易成功。在以色列近期的一项调查中，研究人员告诉所有受试者关于健康饮食的情况，但只对男性受试者进行饮食控制。6个月后，女性受试者的体重也减轻了。研究人员认为，情侣或夫妻一起减肥，会让减肥者更容易控制饮食，抵抗食物的诱惑。

肱三头肌转向伸展

A

- 双脚站立，轻微弯曲膝盖，身体前倾，两手各握一个哑铃，掌心相对。
- 右手肘弯曲，将哑铃提到身体侧面，直到上臂与地面平行。

B

- 然后，将哑铃向后推，手臂伸直，同时旋转手臂，使掌心朝向天花板。
- 手往回转，掌心向内，回到起始姿势。

重复次数：每侧手臂重复12~15次。

屈体行走式俯卧撑

A

- 双脚自然站立，双手置于身体两侧。

B

- 身体弯曲（膝盖可以稍微弯曲），将双手或指尖置于身体前方的地面上。

C

- 双手向前移动，直到成为俯卧撑姿势，然后做一个俯卧撑。
- 双手在原位不动，双脚向前移动，尽可能靠近双手。此为一个反复动作。
- 继续向前重复动作，直到完成5~6个俯卧撑为止。

重复次数：5~6次。

飞机式/超人式伸展

A

- 脸朝下，手臂向外伸展与肩膀持平，手肘微微弯曲，掌心贴地。

B

- 肩胛骨上拉收紧，手臂、上半身和双腿抬离地面。

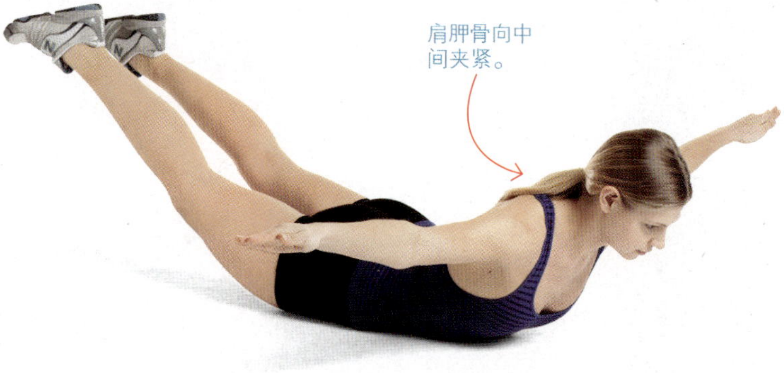

C

- 保持这个姿势，将手臂举向身体前方，坚持数一个数，然后将手臂移回至肩膀高度。
- 将身体放回地面。此为一个反复动作。

重复次数：5~6次。

新月式弓步与划船上拉

A

- 右手握一个4~6公斤的哑铃，双脚并拢，双手置于身体两侧。
- 左脚向前形成前弓步，直到左膝屈曲形成90度角。
- 身体尽可能贴近左膝，同时左手向外举，与肩同高，掌心向下。让哑铃自然悬垂。

B

- 将哑铃垂直上拉，直到右手肘超过上半身。此为一个反复动作。

重复次数： 12~15次，然后转为对侧身体，重复相同的次数。

T型俯卧撑

A

- 身体摆成俯卧撑的姿势，双手置于地面，位于肩膀正下方。
- 身体往地面下压。

B

- 将身体推起时，将右侧身体向上转，右手举高，身体从外侧翻至左腿上方。
- 右手伸直，指尖朝向天花板。坚持一秒钟，然后回到俯卧撑的姿势。在左侧重复一次该动作，这一次伸直左手。此为一个反复动作。

重复次数： 5次。

挥别蝴蝶袖肱三头肌训练

女性特别容易有蝴蝶袖（上臂赘肉）的烦恼，当我们挥手时，这些松松垮垮的赘肉从上臂后方垂下来不停地抖动。这是因为我们平常大多使用上臂的屈肌（肱二头肌），却很少用到伸肌（肱三头肌）。另外，这个部位容易堆积脂肪，对女性来说更是雪上加霜。以下训练动作可以帮你解除这个烦恼。

尽全力去做：

连续完成全部动作，中间不休息。然后重复所有动作两次，中间休息一分钟。

训练凳深蹲

A

- 坐在训练凳的边缘上，双手扶稳，指尖向下。双脚置于身前的地面，膝盖弯曲成90度。
- 双臂伸直，身体前移，臀部紧挨训练凳的边沿，悬空。

B

- 吸气，手臂弯曲，身体下蹲，直到上臂与地面平行为止。
- 呼气，然后手臂逐渐伸直，将身体向上推。

重复次数：10~12次。

平衡划船上拉

膝盖治疗法：根据澳大利亚学者的研究，该组动作可以考验你的平衡感，是最有效的预防ACL损伤的训练。

A

- 双手各握一个哑铃，让手臂在身体两侧悬垂，掌心相对。双脚站立，与肩同宽。
- 身体向前弯曲，同时右腿向身体后方抬起、伸直，直至身体形成一个T型。让手臂垂直向下悬垂，掌心相对。

B

- 肩胛骨夹紧，手肘向天花板方向抬起，哑铃举在胸部两侧。
- 以左腿完成所有动作后，换右腿站立、抬起左腿，然后重复该动作。

重复次数：每条腿做5~6次。

挥别蝴蝶袖肱三头肌训练

肱三头肌腿部伸展

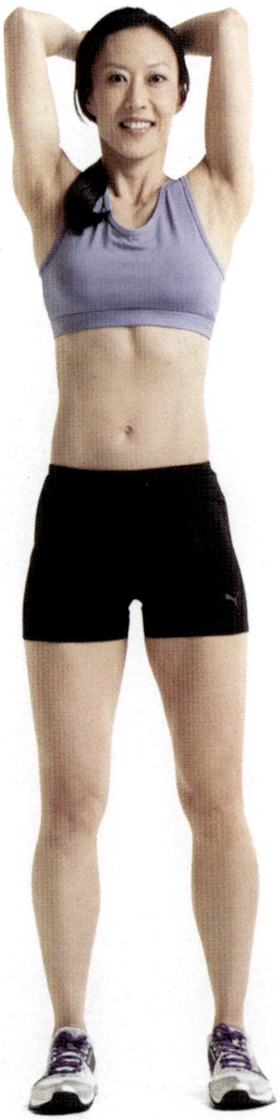

A

- 双脚站立，与臀同宽，双手同时握住一个4~6公斤的哑铃。
- 收腹，将哑铃举过头顶，慢慢将手往头部后方下垂，手肘在耳朵两侧。

B

- 然后，将哑铃往天花板方向推，同时右腿向身体外侧伸展。放松，回到开始的姿势，然后重复该动作，此次伸展左腿。

重复次数：8次。

一分钟锤式弯举

A

- 双脚站立，与肩同宽。
- 双手各握一个哑铃，放在大腿两侧，掌心相对。

B

- 手腕不要转动，右手哑铃向右肩方向弯举。
- 将哑铃放下时，左手哑铃弯举向左肩膀。
- 有规律地左右轮流进行。

重复次数：1分钟内尽可能做得越多越好。

备忘录

身体的感觉会如实告诉你，训练时是否认真地以标准动作完成训练。当你做完最后一个动作后，正确的感觉应该是“再多做一个动作都不行了”。

挥别蝴蝶袖肱三头肌训练

金字塔式俯卧撑

A

- 摆出俯卧撑姿势，移动双手，在地面形成一个三角形（双手的大拇指与食指相接）。
- 三角形应在肩膀与鼻子的中间。

小提示：换成以膝盖完成该动作可以降低难度。

B

- 然后，身体下压，直到距离双手几厘米处，停顿2秒钟。回到开始的姿势，并重复该动作。

绷紧臀部，收腹，可以帮你保持背部的稳定与平直。

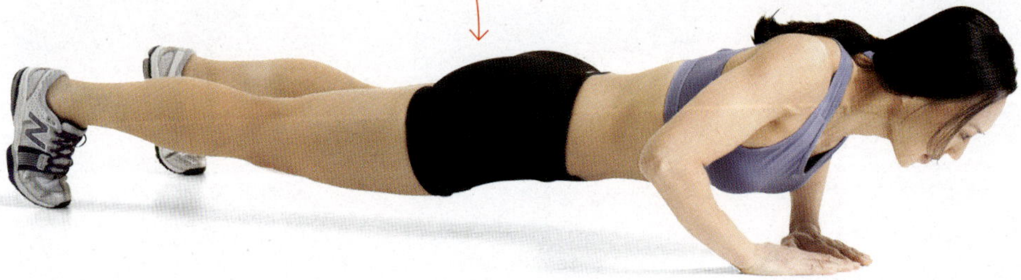

重复次数：8~12次。

引体向上

小提示：引体向上难度较高。如果你一个都不能完成，那么找个运动伙伴帮你一把会好些，她可以用手托住你的脚踝，帮助你向上升。

A

- 双手分开，反握（掌心朝向自己）并悬挂于一个训练单杠的下方，手肘伸直，膝盖向后弯曲，脚踝交叉。

B

- 将身体向上拉，直到下颌超过单杠，然后慢慢往下回到起始姿势。

重复次数：做得越多越好。

药球滚动式俯卧撑

A

- 做出俯卧撑的姿势，左手放在一个2~4公斤的药球上，右手贴地面。

B

- 身体向下压，直到胸部尽可能地与地面贴近。
- 将身体推回，直到手臂完全伸直。

C

- 将药球滚向右侧，然后快速将重心转向左手，右手放在药球上。
- 再做一个俯卧撑，然后将球滚回左侧。此为1个反复动作。

重复次数：6~10次，动作要快。

米歇尔·奥巴马完美手臂训练

赶快脱下那件宽大、一直坠到膝盖的男式XL号的T恤吧，换上一件可爱、合身的女式T恤，然后大声对自己说："我是女人！我身材热辣！"以下这些训练动作可以让你拥有米歇尔·奥巴马那样的肱二头肌，线条分明的肩膀、肱三头肌，以及完美的上背部和胸部，告别松软的赘肉。

尽全力去做：

连续完成全部动作，中间不休息。然后重复所有动作两次，中间休息1分钟。

站立式弓步与哑铃转向挥举

A

- 右手握住一个2公斤的哑铃，左脚向前迈一步，如弓步的准备姿势。
- 右手肘弯曲90度上举与肩膀持平，呈一条直线，掌心向前。

B

- 然后，身体下蹲，直到左腿与地面平行。当处于弓步姿势时，将哑铃向下带，放在左大腿外侧。
- 站起身，将右臂抬起回到起始姿势。反复做10次，接着改为左手负重、右脚向前。

重复次数： 每侧做10次。

侧向弹力带拉升

A

- 抓住一条弹力带，双脚站立与肩同宽。
- 右手拉弹力带的一端于身侧，手肘微弯，左脚踩在弹力带的另一端。

B

- 右手往侧面拉弹力带，直到手臂与肩膀呈一条直线。然后慢慢放下。重复该动作。
- 在完成所有重复次数后，换为右脚踩弹力带一端，左手抓住弹力带另一端。

重复次数：每侧做10次。

如何提高身体的柔软度

根据北达科他大学的研究，负重训练比伸展运动更能提高身体的柔软度。为什么呢？因为在抗阻训练中，你的肌肉首先会收紧，然后再伸展。以下方法可以让你在负重训练中提高身体的柔软度：当你将重量下拉到最低点，感觉到肌肉完全伸展时，绷紧肌肉，停顿2~3秒钟。

肱二头肌弯举

26

如果你每天喝 1~2 杯含糖的饮料，患糖尿病的风险比每个月饮用一次高 26%。

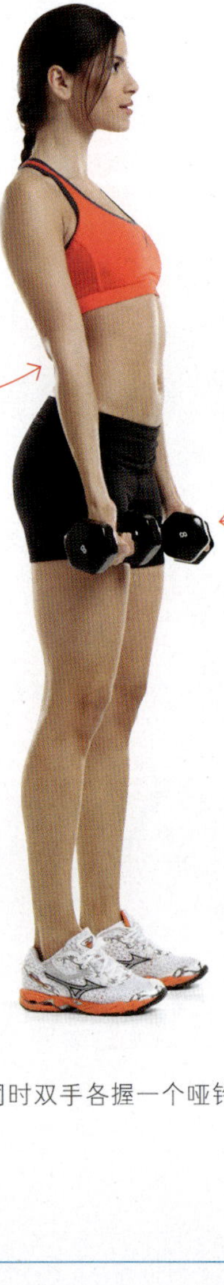

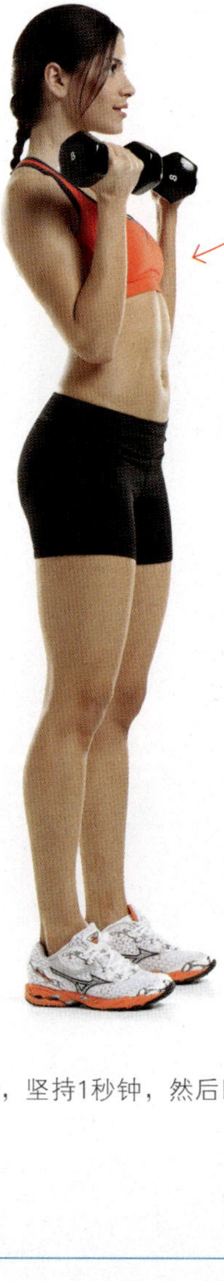

A

- 双脚站立，与肩同宽，同时双手各握一个哑铃，掌心朝前，双手放在身体前方。

B

- 将哑铃向肩膀弯举，坚持1秒钟，然后回到起始姿势。

重复次数： 10次。

走步式俯卧撑

A

- 做出俯卧撑姿势，双手置于一个15~30厘米高的踏板的窄边上。

B

- 双腿、脊椎和颈部呈一条直线，将身体重量移到左手，右手放在地上。
- 然后做一个俯卧撑，并将左手放回地上，紧挨着右手。
- 现在左手放到踏板上，然后右手也跟着放上去。此为一个反复动作。

重复次数：重复该动作，从对侧“走”下踏板，然后两侧重复做16次。

站立式V型牵拉

小提示：你可以变换动作，试着将负重拉得更低，转向另一侧，然后用一只手将拉杠拉向胯部。

A

- 站在一个高拉滑轮机前，双手握在拉杆弯曲处的外侧，掌心向下。
- 向后退约60厘米。

B

- 手臂伸直，将拉杆拉向胯部。
- 使用较轻的负重（约9公斤），并用背部力量往下拉。

重复次数：12~15次。

眼镜蛇式俯卧撑

A

- 做出标准俯卧撑姿势，然后双脚往前移，臀部抬高，身体大致形成一个倒V型。

B

- 保持臀部抬高、身体下压，直到下颌几乎触地。

C

- 然后臀部下压，直到几乎接触地面，同时用力将头部和肩膀向天花板方向抬起、升高。
- 反向完成该动作，并回到起始姿势。重复该动作。

重复次数：10次。

肱三头肌下拉

A

- 将滑轮机高滑轮装上拉杆，然后正手抓住拉杆，双手距离与肩同宽。
- 上臂微收，贴近体侧，手肘弯曲约90度。

B

- 上臂保持不动，将拉杆向下拉，直到手臂伸直。
- 停顿一下，然后回到起始姿势。此为一个反复动作。

重复次数：15次。然后反手抓握，再做15次。

穿露背装礼服训练计划

在每一场好莱坞盛会中，我们经常看见女明星走在红毯上，露出曼妙的肩膀和紧实的背部。强健的背部会让你站得更加笔直（看上去也会更苗条），当你大胆地“裸背”时，会给人留下深刻的印象。

尽全力去做：

连续完成全部动作，中间不休息。然后重复所有动作两次，中间休息1分钟。

背离式划船上拉

A

- 做出俯卧撑的姿势，双手握哑铃，置于地面，手臂伸直。双脚分开，比胯稍宽。

B

- 右手臂弯曲，将哑铃提至胸部高度，用左手哑铃撑地保持平衡。
- 将哑铃放回地上，然后换左手重复该动作。此为一个反复动作。

重复次数：6~8次。

地板Y型平举

A

- 俯卧于地面，手臂置于地面上，完全伸直，与身体呈30度角，身体形成Y型。
- 掌心相对，双手大拇指指向天花板。

B

- 双手以舒适为度尽可能举高。
- 将手放下，回到起始姿势。

重复次数： 12次。

反向飞鸟

A

- 右手握一个轻量哑铃，双脚分开站立，宽于肩膀。脚尖和上半身向左侧旋转，呈一脚前一脚后站立姿势。
- 身体前倾，左手置于左侧大腿上。

B

- 将哑铃向外举到肩膀高度，然后放下。

重复次数： 12~15次。然后换左手重复该动作。

动感训练

研究表明，听着动感的音乐训练可以让耐力提高15%。

穿露背装礼服训练计划

地板T型平举

A

- 俯卧于地面，手臂向外侧展开，身体形成T型。
- 双手轻轻握拳，大拇指朝向天花板。

B

- 双手慢慢向上举起，以感觉舒适为度。
- 将手放下，回到起始姿势。

重复次数：12次。

仰卧牵拉式与平举

A

- 双手握一副2~4公斤的哑铃，仰躺在一个15~30厘米高的踏板上，弯曲膝盖，双脚平放于地板上。
- 将哑铃置于头后，让手臂与身体形成一条直线，手肘微弯。

B

- 将哑铃举向天花板，直到双臂与上身垂直。
- 然后，将哑铃降回头后方（尽量不要触地）。

重复次数：15次。

地板I型平举

A

- 俯卧于地，双手向前伸直，身体从手到脚呈一条直线。

B

- 双手轻轻握拳，两大拇指指向天花板，慢慢举起手臂，以感觉舒适为度。
- 将手放下，回到起始姿势。

重复次数： 12次。

1¼滑轮下拉

A

- 坐在高拉滑轮机前。双手分开，正手握住拉杆。
- 身体稍向后倾，将拉杆下拉，直到拉杆触碰到胸骨。

B

- 将拉杆慢慢放回至嘴巴的高度，然后再次下拉。此为一个反复动作。

重复次数： 12次。

美胸训练计划

我必须声明一下：负重训练不能改变你的乳房的形状（或大小）。但你可以通过锻炼隐藏在乳房下方的肌肉，让你的乳房变得更坚挺。以下这些训练动作将为你打造结实、性感的乳沟，让胸部自然托高一点，让你像“维多利亚的秘密”的天使一样光彩照人。

尽全力去做：

连续完成全部动作，中间不休息。然后重复所有动作两次，中间休息1分钟。

单侧脉冲式俯卧撑

A

- 做出俯卧撑姿势，双手位于肩膀正下方，收腹。
- 身体下压，直到距离地面约3厘米，然后停顿一下，数三个数。

B

- 然后，将身体推回到起始位置，当身体往上时，将右手交叉至左手侧。
- 然后左手向左外侧移动，再做一个俯卧撑，停顿一下，数三个数。
- 当你把身体推起时，左手交叉至右手侧，然后在右侧重复该动作。此为一个反复动作。

重复次数：5次。

28

根据《运动训练医学与科学》杂志的研究，在摄入咖啡因后，肌肉耐力可以增加28%。

站立式单臂推举

A

- 双手握一副哑铃，身体站直，膝盖微弯。
- 将哑铃举至肩膀前方，掌心朝前。

B

- 将右手哑铃推举过头顶，手臂与耳朵呈一条直线。
- 慢慢将右臂降至肩膀的高度，然后将左手哑铃推过头顶。此为一个反复动作。

重复次数：14次。

训练凳单臂推举

A

- 右手握住一个哑铃，仰卧在训练凳上，将哑铃握在胸侧。掌心朝下，且轻微向内旋转。
- 左手放在腹部上。

B

- 将哑铃直接推举至胸部上方，手臂完全伸直。
- 停顿一下，然后将哑铃放下回到起始姿势。

重复次数：12~15次，然后换左手握哑铃重复该动作。

美胸训练计划

反向俯卧撑

A

- 将一个引体向上的单杠或杠铃杆装在一个史密斯机上，距离地面90~120厘米高。仰卧在地上，胸部在杠铃的正下方。
- 伸直手臂，反手握住杠铃，双手分开与肩同宽，身体悬于杠铃下方，从脚跟到肩膀呈一条斜直线。

B

- 核心肌肉绷紧，将身体向上推，直到胸部碰触到杠铃。

重复次数： 10~12次。

倾斜式哑铃推举

A

- 仰卧在一张上斜45度的训练凳上，双手各握一个哑铃放在肩膀高度，掌心朝前。

B

- 将哑铃向上推，直到手臂完全伸直，然后放下回到起始姿势。

重复次数： 10~12次。

勺式过头推举与抬腿

A

- 两手各握一个2公斤的哑铃，掌心相对。双膝弯曲坐在地上，双脚并拢平放在地面上，手臂伸直，置于膝盖外侧。.

B

- 双脚抬离地面15~30厘米，保持手臂伸直，将哑铃举过头顶同时向上推。

小提示：想增加动作难度，可将哑铃举到肩膀的高度。

重复次数： 保持该姿势时间越长越好。

肱三头肌撑体与伸臂

A

- 坐在地板上，膝盖微弯，背部尽可能贴近一个30厘米高的踏板。双手放在踏板的边缘，距离比胯稍宽。
- 当手臂伸直时，用脚跟向地面使力。身体形成下沉姿势。

B

- 伸直手臂，然后将左手向身体前方伸直至肩膀高度，同时抬起右脚。
- 坚持几秒钟，然后抬起对侧的手和脚重复该动作。此为一个反复动作。

重复次数： 12~15次。

第七章：
15分钟核心肌训练计划

让你的背部更强健，腹部更紧实。

超快速核心肌训练计划

首先，我们要理清一个概念——核心肌绝不仅仅指的是腹肌。不知从何时开始，健身行业的人（甚至包括健身教练），开始把“核心肌”和“腹肌”当作同义词使用。

腹肌是核心肌中至关重要的肌肉，但身体的其他肌肉也发挥了同等的作用，例如让胯部、肩部运动起来的肌肉，以及背部肌肉和腹部斜肌（位于上身侧面下方的肌肉）。《核心训练》一书将“核心训练”的概念带进了主流健身运动中，该书作者，同时也是健身教练马克·沃斯特根认为，锻炼核心肌就如同对一个人进行全身改造一样，长期下来，你会感到自己更年轻、更强健，甚至更聪明。

腹肌的好处

锻炼核心肌的好处：

身体更强健，体态更挺直：核心肌肉是支撑身体的框架。核心肌肉越强健，你站得越直（而且更高更瘦）。

摆脱背痛：研究表明，许多常见的背痛可以通过锻炼支撑脊椎的肌肉和支撑腹部的深层腹肌来获得改善。锻炼这些部位的肌肉相当于给身体穿上一件塑形束身衣。

反应更快：知名健身教练沃斯特根认为：“如果核心肌的稳定度提高了，可以增进你进行精细动作的技巧，即使在不平衡的平面上也能做出快速反应并保持身

快速浏览：你的15分钟核心肌训练计划

核心肌解剖学

核心肌——你的腰腹部肌肉，负责稳定脊椎，由二十多条肌肉组成。让我们来了解一下其中一些关键肌肉的作用。

腹直肌：由六块肌肉组成，在腹部前方，做仰卧起坐可以运动到这组肌肉。

腹横肌：隐藏在六块腹直肌的下面，可以让腹壁向内收。

腹部斜肌：这组腹肌在躯干的两侧，可以帮助你的身体侧弯并防止旋转。

髋部屈肌：该组肌肉会让你的髋部屈曲，让你在行走与奔跑的时候大腿上抬。

下背部肌肉：这一组肌肉有很多块，当你的身体后弯时，通过稳定脊椎发挥关键的作用。

体平衡。”

改善精神状态：脊椎是大脑和身体之间的信使。知名健身教练沃斯特根说：“脊椎的稳定和直立，会让你的大脑接收到更多有效的身体信息。”

打造平坦的腹部：当你锻炼上腹部松软、下垂的肌肉时，同时训练你的核心肌肉，可以让你的腹部变得更平坦。

基本知识

本章的各种动作能够锻炼你的平衡感、稳定度以及旋转能力，从而强化你的核心肌。为了达到最好的训练效果，每周花两天时间做一组（或更多）核心运动。你也可以做更多的训练，但要确保在两次运动之间休息一天，给肌肉一点时间恢复。请按照书中建议的组数和重复次数进行锻炼。

每一种动作都可以帮你解决某一个身体部位的问题，例如消除下腹部的松散赘肉，或者预防上半身发福等。让你在4周之内看到效果！

不做仰卧起坐也能打造平坦腹部训练计划

我还记得仰卧起坐曾经是人们一度追捧的锻炼腹肌的法宝。每个人每天都会做几十个仰卧起坐，甚至市场上还出现一些帮助颈部减压的特殊仰卧起坐器材。虽然仰卧起坐是一种有效的运动，但不是锻炼腹肌的唯一方法。以下的训练动作，可以让你在无须做仰卧起坐的情况下也能快速锻炼腹肌，让腹肌变得紧实。

尽全力去做：

连续完成全部动作，中间不休息，运动结束后休息1分钟。然后再次重复所有动作。

反向伐木式

A

- 深蹲，两手握住一个药球置于左胯部。

B

- 保持手臂伸直，将药球举起越过身体，然后高举至右肩上方。
- 将球放下回到起始位置。此为一个反复动作。

重复次数： 10次。然后将药球置于右胯部，接着将药球举过左肩上方10次。

单臂式弓步

A

- 左手握一个哑铃，左臂伸直抬起，左手肘紧贴耳朵。

B

- 右脚向前迈一步，身体下蹲，直到大腿与地面平行。
- 右脚蹬地将身体推回至站立姿势。此为一个反复动作。

重复次数：每侧腿与手臂重复8~10次。

反向抬腿式平板支撑

A

- 做出反向平板支撑的姿势，双腿向前伸直，双手在臀部后方，指尖朝前。

B

- 双手撑地，右腿抬起，同时保持臀部抬高。
- 坚持3秒钟。然后放下右腿。

小提示：臀部肌肉无力会让本来就肥胖的小腹变得更大。该训练动作可以改善这些问题。

重复次数：每侧做10次。

做更多稳定度的运动

不喜欢仰卧起坐？没关系。你可以做一些稳定度的训练，比如平板支撑训练、伐木式训练以及爬山式训练等。这些运动可以锻炼稳定脊椎的肌肉，这是核心肌更重要的工作之一。如果这些肌肉不够强健，上半身就会像一根煮熟的芦笋，软软的，使身体无法挺直。虽然仰卧起坐可以锻炼腹肌，但是下背部不断地重复弓背、弯曲，时间久了会出问题。因此稳定度运动才是锻炼核心肌的最佳选择，再搭配一些旋转和弯曲动作，能够锻炼髋部屈肌和腹部斜肌，从而让自己拥有结实、稳固的核心肌。

单臂上拉划船

A

- 右手握一个哑铃，弯曲膝盖，身体自臀部向前倾。

B

- 核心肌肉用力，将哑铃拉向胸部，身体不要转动。
- 回到起始姿势。此为一个反复动作。

重复次数： 每侧手臂做10~12次。

半坐式腿旋转

A

- 坐在地板上，双腿完全伸直，用手肘支撑身体，手指轻贴于臀部两侧。

B

- 核心肌肉用力，双腿抬起约45度。
- 脚尖绷直，双腿并拢，顺时针旋转12圈，然后再逆时针旋转12圈。

重复次数： 每侧转12圈。

旋转核心肌

A

- 做出平板支撑的姿势，前臂平放在地板上，掌心向下。

B

- 手臂不动，以双脚为支点，将身体尽可能地向左旋转，同时要保持平衡。
- 在右侧重复该动作。

重复次数： 做三组，每组8~10次，每组动作之间休息30秒钟。

锤式投掷药球

A

- 手拿一个2公斤的药球，双脚分开站立与肩同宽，膝盖微弯。
- 双手抱球置于胸前。

B

- 臀部下沉，让药球触碰左脚外侧。

C

- 迅速站起，将球从身体前方带至身体右侧肩膀高度，并将球传给同伴。
- 请同伴将球投回。以上为一个反复动作。

重复次数： 10次，然后对侧重复该动作。

缩小腰围训练计划

如果你在不停地跟人埋怨自己的腰围太宽，请少吃玛芬蛋糕，锻炼腹部斜肌，使之变得紧实，帮你缩小腰围。

尽全力去做：

连续完成全部动作，中间不休息。重复所有动作两次。

俯卧式平衡球翻滚

A

- 做出平板支撑的姿势，小腿分开与胯同宽，并置于一个平衡球上，双手分开置于地面，距离与肩同宽。

B

- 将双膝拉向右肩。
- 将膝盖移回中间位置，然后再将双膝拉向左肩。此为一个反复动作。

重复次数：12~15次。

平板支撑与转体

A

- 做出平板支撑的姿势，双手置于一个30~45厘米高的踏板上。

B

- 将重心放在左手上，身体旋转，同时将右手抬起伸向天花板。

C

- 回到平板支撑的姿势，两手从踏板两侧放下，先右手再左手。然后双手再放回踏板上，先左手再右手。此为一个反复动作。

重复次数：8~10次，然后将左手伸向天花板重复该动作。

侧卧式双腿抬高

A

- 身体左侧躺地上，双腿叠放，将头枕在贴地的手臂上（左臂），右手置于地面。
- 将右脚抬高45度，屏住呼吸，然后放下。

B

- 然后两腿并拢，同时抬离地面。屏住呼吸，然后放下。

重复次数：8~10次，然后右侧躺下重复该动作。

缩小腰围训练计划

侧边手肘碰膝盖

A

- 双脚站立，肩膀与臀部呈直线，抬起右手。将重心转向左腿，抬起右腿，往外旋转至臀部高度，脚尖朝外。

B

- 右手肘和右膝互相触碰，夹紧腰部。回到起始姿势。

重复次数：每侧重复做10次。

划独木舟式

A

- 双脚站立，分开约90厘米，膝盖微弯，双手紧握一个1~2公斤的哑铃置于胸前。

B

- 臀部保持不动，将双手向下带到右侧胯部，向后“划桨”。然后，双手向上抬至胸部高度，在左侧胯部做一次划桨。

重复次数：两侧轮流做20次。

侧向旋转与平板支撑

在做该动作之前，你必须能够坚持侧向平板支撑60秒。

A

- 做出左侧平板支撑的姿势，将左手肘放于肩膀正下方。
- 收腹，然后右手伸直，指向天花板。

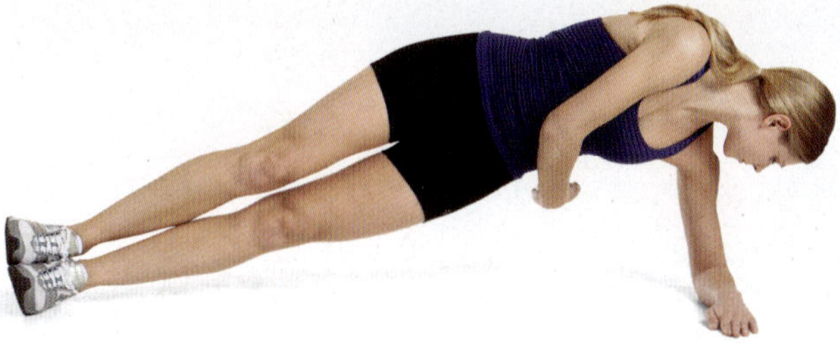

B

- 将右手慢慢放回身体下方，并将身体往前转，直到上半身几乎与地面平行。回到侧向平板支撑的姿势。此为一个反复动作。

重复次数：每侧重复5~10次。

腹肌伐木式

小提示：这种转体动作可以锻炼腹部、下背部及臀部肌肉的协调性，增强身体旋转的力量。特别是你进行爆发力运动时，它们就可以派上用场。

A

- 仰卧在地面上，双手叠放，在头部正上方伸直。

B

- 收腹、坐起，将双手带至左侧大腿外侧。回到起始姿势，然后在右侧重复该动作。此为一个反复动作。

重复次数：15次。如果想增加强度，可以双手各握一个2~3公斤的哑铃，重复10次该动作。

甩掉胸部赘肉训练计划

穿上紧身背心后，如果从胸罩肩带中挤出赘肉来，身材的美感一定大打折扣。锻炼背部和身体两侧的核心肌以及腹肌，可以让你拥有流畅、柔美的身体线条，哪怕穿上紧身衣也不用担心走形。

尽全力去做：

连续完成全部动作，中间不休息。重复所有动作三次。

背部伸展与抬腿

A

- 将胯部和腹部置于一个平衡球上。双腿伸直，双脚分开与胯同宽，脚尖着地。双手伸直与肩膀呈一条直线。

B

- 右腿抬离地面，同时双手尽可能地向远处伸。此为一个反复动作。然后换左腿重复该动作。

重复次数：两侧轮流做12~16次。

双腿伸展

A

- 仰卧于地面，弯曲膝盖，双手抱住小腿胫骨，肩膀向上离开地面。

B

- 保持臀部向下，下背部压向地面，双腿伸直、抬高，与地面约成45度，同时双手向上伸直（肱二头肌贴近耳朵），身体形成一个大U型。
- 坚持这个姿势，将肋骨压向地面。
- 腹肌用力，将脚和手带回到起始姿势，膝盖弯曲。

重复次数： 5~10次。

将腹肌训练得更紧实

西班牙科学家发现，进行快节奏的腹肌训练能够活化更多肌肉，效果比慢节奏训练好很多。这是因为：动作加快时，你的肌肉必须更用力。

T型稳定度训练

A

- 做出俯卧撑的姿势，双手放在肩膀正下方。

B

- 将重心移到左手，身体旋转，右手指向天花板，使手臂与上半身形成T型。
- 坚持1~2秒钟，然后回到起始姿势。然后换左手重复该动作。此为一个反复动作。

重复次数：8~10次。

哑铃交替式划船

A

- 正手握住一副哑铃，双脚分开站立与肩同宽，膝盖微弯。胯部弯曲，下背部自然形成下拱形，上身往下压，直到几乎与地面平行，让哑铃在肩膀正下方垂下。

B

- 现在上臂抬起，手肘弯曲，将右手哑铃从体侧向上拉，肩胛骨向脊椎方向夹紧。
- 放下哑铃，同时左手举起哑铃从体侧划船上拉。此为一个反复动作。

重复次数：8~10次。

双臂伸展

A

- 双脚站立，分开约90厘米。双手握住一个1~2公斤的哑铃置于身前。
- 收腹，形成半蹲式，保持双手接近地面。

B

- 站起身，将哑铃向上推，双手向左上方伸展。
- 然后双手往下放，再做一个半蹲姿势，然后双手向右侧伸展。此为一个反复动作。

重复次数：20次。

告别松软小腹训练计划

即使是身材苗条的女性，也可能因为下腹肌肉运动太少而导致小腹松软、凸出。跑步和其他有氧运动主要锻炼的是腿部肌肉，因此此类运动者通常是双腿肌肉结实，但腹部肌肉松软。以下设计的训练动作可以锻炼你的腹部深层肌肉——腹横肌，它可以拉直你的腹壁，犹如穿了一件束身衣。

尽全力去做：

连续完成全部动作，中间不休息。重复所有动作两次。

平衡球骨盆倾斜式仰卧起坐

A

- 两手握一个2~5公斤的药球。仰面躺在平衡球上，背部和头部用力向下压平衡球，双脚置于地面，药球置于胸前。

B

- 核心肌肉用力收缩做仰卧起坐，直到肩膀离开平衡球。
- 然后将药球推向天花板。
- 将药球放下，回到起始位置。

重复次数：12~15次。

平衡球单脚提膝

A

- 做出平板支撑的姿势，双手分开与肩同宽，置于平衡球的两边。

B

- 将右膝拉向胸部。
- 坚持1秒钟，然后回到平板支撑的姿势。
- 左膝重复该动作。此为一个反复动作。

重复次数： 12~15次。

拥有一个平衡球！

根据《力量与体能研究》杂志公布的研究显示，利用平衡球锻炼腹肌的人，比没有使用的人，腰腹部的稳定度高出4倍多！

后倾斜运动

A

- 双手握住一个2~10公斤的药球跪在地板上，双膝分开与胯同宽。
- 脊椎挺直，并将药球放在腹部前。

B

- 慢慢地尽力向后倾斜，膝盖保持不动。
- 保持此姿势3秒钟，用核心肌的力量慢慢将身体推回到起始姿势。

重复次数： 12~15次。

告别松软小腹训练计划

后伸展与抬腿

A

- 双手握一副5~6公斤的哑铃，仰卧于地面上，双手伸向身体后方。
- 腿伸直与地面呈45度。

B

- 将双手举向胸部上方，双肩抬离地面，同时双腿抬高，直到与地面垂直。
- 回到起始姿势（不要让双腿触碰地面）。

重复次数：12~15次。

膝部交叉式踏步

A

- 双脚站立，肩膀与臀部成一条直线。左臂向上伸展，右腿抬向体侧，脚尖着地。

B

- 然后左手肘往下、右膝抬起，身体形成对角线，以左手肘触碰右膝。
- 回到起始姿势。

重复次数：每侧12~15次。

冲刺式仰卧起坐

A

- 仰卧于地面，双手置于身体两侧，双腿伸直，双脚离开地面15~30厘米。

在所有训练中，都要让核心肌肉用力以减轻背部的压力。

B

- 身体坐起，将左手肘弯曲举起，形成一个短跑冲刺式的姿势。身体抬至最高点时，将右膝靠向胸部。
- 回到起始姿势，保持双腿抬起，然后换对侧手和脚重复该动作。此为一个反复动作。

重复次数： 10~12次。

墙上仰卧起坐与转体

A

- 面向墙壁坐在一个平衡球上，然后向后仰卧，使下背部靠在平衡球上。
- 双脚分开放在墙上，距离与胯同宽，膝盖弯曲90度。双手交叉置于胸前。

B

- 抬起身体，将腰部向左侧转。
- 转回到正面，身体躺下。
- 转为向右侧转。此为一个反复动作。

重复次数： 10~12次。

甩掉腹部脂肪训练计划

如果想让核心肌肉变紧实的同时甩掉腹部脂肪，你需要快速消耗热量。以下训练动作包含了《核心肌肉训练完全手册》一书的作者库尔特、布雷特、麦克·布鲁加德三兄弟设计的动作，能够让形成平坦腹部的每一块肌肉都运动起来，并提高心率，从而加速燃烧腹部脂肪。

尽全力去做：

按顺序完成全部动作，动作之间不休息，中间穿插进行60秒跳绳（或做高强度的健美操训练）。全部做完所有动作即可。

双手交叉拜太阳式

A

- 双脚站立与胯同宽，双手向头顶上方伸展并轻微交叉。

B

- 腰部向前弯，双手向下摸右脚，保持上半身挺直，当作一个整体来移动。
- 挺身回到起始姿势。在对侧重复该动作。此为一个反复动作。

重复次数：10~20次。

后伸手碰脚踝

A

- 腹部贴地俯卧于地面，双腿伸直，以脚尖触地。
- 双臂弯曲，掌心贴地，与耳朵保持平行。

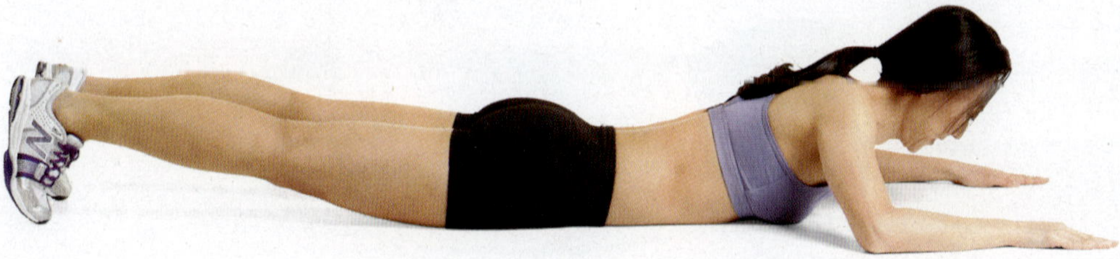

B

- 双手向后方伸直，右膝弯曲，脚跟向臀部弯曲，以双手触碰右脚脚踝。
- 慢慢放下双手和右腿，回到起始姿势。左腿重复该动作。此为一个反复动作。

重复次数：10~20次。

保护颈部

当你做仰卧起坐或其他抬起上身的腹部运动时，试着将舌头顶在上颌处。纽约长岛力量与协调训练专家、健身顾问迈克尔·梅吉亚说，“这能避免头部晃动，减少颈部扭伤”。

双侧折刀式屈身

A

- 身体左侧卧，双腿叠放、伸直。
- 左臂环抱上半身，置于右侧胯部，然后右手放在头后。

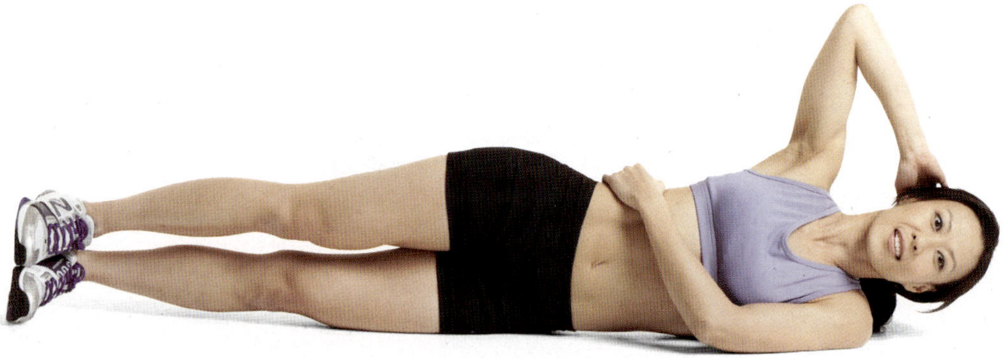

B

- 同时抬起上半身和双腿，将肩膀带向胯部。
- 慢慢回到起始姿势，然后完成所有重复次数；接着，再转换至身体另外一侧，重复相同的动作次数，完成一组训练。

小提示：如果难度太大，开始训练时可以只抬起双腿。

重复次数：每侧重复10~20次。

活力V型仰卧起坐

A

- 双腿伸直仰卧于地面，与胯部呈一条直线，与上半身垂直。
- 双手向身体前方伸展，与肩部呈一条直线。收腹，双腿下压，与臀部形成45度角。

B

- 双手合掌伸向左脚，同时抬起左腿，与臀部呈一条直线。
- 将左脚降至45度角的位置。右腿重复该动作。完成一个反复动作。

重复次数：10~20次。

平板式走步锻炼核心肌

加拿大研究者发现，平板支撑走步训练可以百分百运动腹直肌（6块肌肉）。将该动作加入健身动作中，可以帮你塑造完美的核心肌。

1.做出俯卧撑的姿势，双手分开与肩同宽，身体呈一条直线。

2.收腹，在整个训练动作中都保持核心肌肉绷紧。

3.用双手慢慢向头部前方移动，直到你的背部开始往下沉，换而言之，就是你的臀部开始向下坠的时候。

4.双脚向前移动，使身体回到开始的俯卧撑姿势，然后重复该动作。

5.总计重复6~10次。

臀部抬升式仰卧起坐

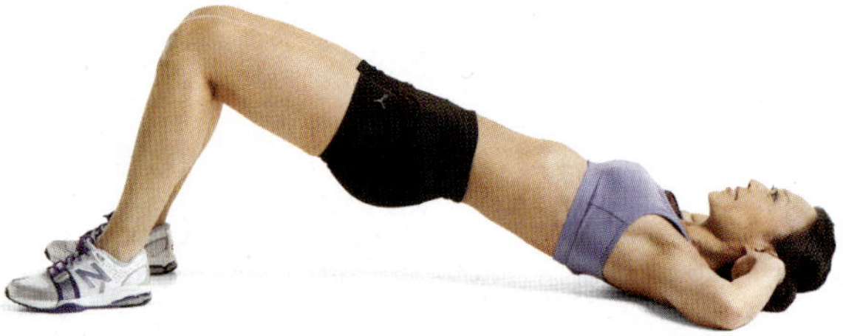

A

- 脸朝上仰卧于地面，弯曲膝盖，双脚平放在地板上，双手置于头后，手指张开。
- 臀部抬离地面，形成一个桥式姿势，保持臀部在一定高度。

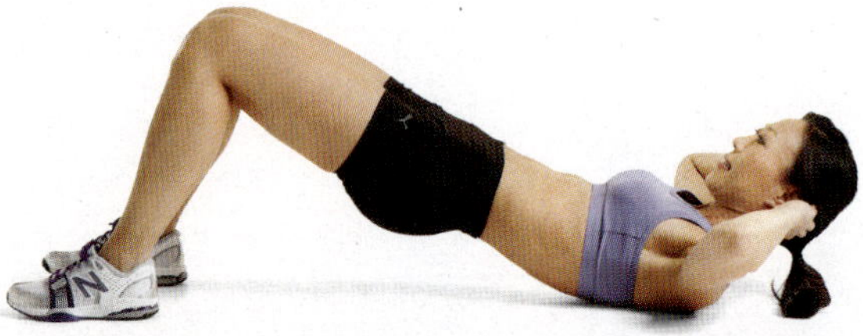

B

- 保持桥式姿势，收腹，然后将头部、颈部和肩膀作为整体抬离地面。（你的身体将由双脚和上背部支撑。）
- 停顿一下，然后把头部降低，重复该动作。当增加动作难度，在重复动作的时候，前半段训练时稍微抬起右脚，后半段训练时抬起左脚。

重复次数： 10~20次。

侧边双向仰卧起坐

A

- 仰卧于地面，用左侧臀部着地，双腿伸直，但不收紧，双手伸直，掌心向上。

B

- 双腿和上半身同时抬起，膝盖向胸部弯曲，同时仍用左侧臀部保持身体平衡。
- 回到起始姿势。

重复次数： 10~20次，然后转换至身体另一侧，重复该动作。

博速球反向伸展

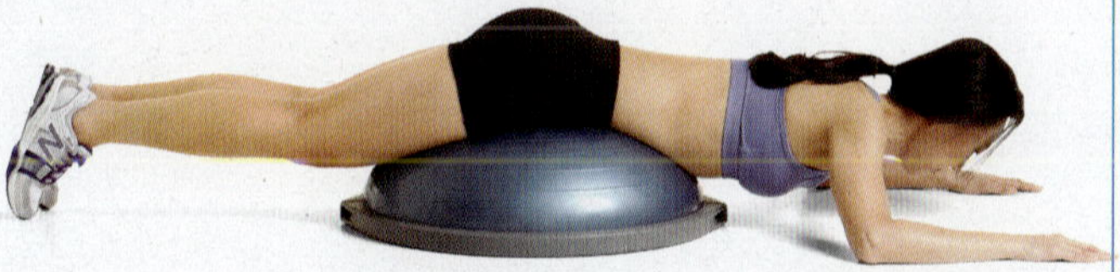

A

- 脸朝下腹部俯卧在博速球上，双腿完全伸直，掌心向下置于地面。

B

- 双腿向后上方抬起并挤压下背部和臀部，当腿抬向最高处时，保持绷紧姿势。
- 双脚放下，轻触地面。

重复次数： 10~20次。

旋转仰卧起坐

小提示： 想增加动作难度，抬起腿时膝部弯曲90度，每次重复动作时，小腿与地面平行。

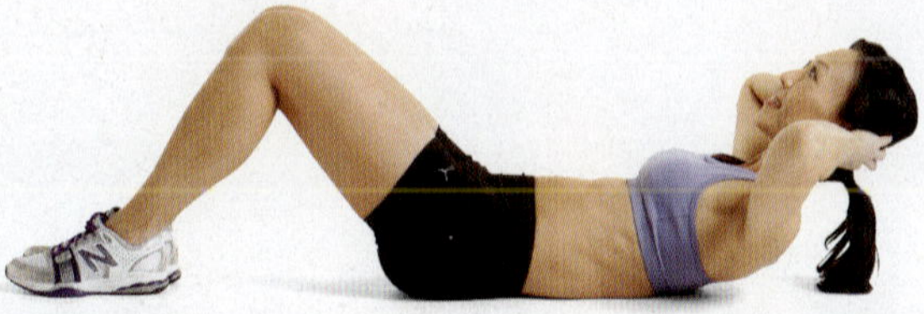

A

- 脸朝上仰卧于地面，弯曲膝盖，双脚平放在地板上，双手放在脑后，手指轻触头部。
- 双肩抬离地面，直到感觉紧绷。

B

- 上半身向上弯曲，以顺时针方向转动（从6点钟方向往9点、12点、3点旋转，然后回到6点）。
- 在下一个动作中，以逆时针方向重复该动作。

重复次数： 10~20次。

第八章：
15分钟燃烧脂肪“高强度间歇训练”塑身计划

高强度间歇训练（简称HIIT），是你快速燃烧脂肪、塑身的秘密武器！

超快速间歇训练计划

下次你去健身房时，记得看一下跑步机（或者椭圆机、固定单车）上的仪表盘。你看到的彩色的条形图代表你的心率，那是“最佳燃烧脂肪的心跳范围”。你是不是觉得应该将心率提升到“脂肪燃烧地带”？大家都会奇怪，为什么达到这样的心率会如此容易（或者为什么燃烧一定的脂肪需要没完没了的运动）？你希望多燃烧一些脂肪的目标，却要你卖力运动几个小时。这就好比小火炖肉——如果你有一整天的时间做运动，那没问题！但就数量而言，远不及用大火快。本章的主旨，就是要帮助你以高强度间歇训练（HIIT）来快速燃脂瘦身。

快速浏览：你的15分钟高强度间歇训练计划

快速冲刺，远离糖尿病

挪威的一项研究发现，高强度间歇训练可以逆转代谢综合征，而后者通常是2型糖尿病的前兆。研究人员将45分钟的中等强度训练与间歇训练（参与者完成每组4分钟的4组训练，训练期间的心率为最高心率的90%）进行了比较，结果发现，HIIT比较长时间、较低强度的训练更能有效预防肥胖、糖尿病和心血管疾病。

我们在第一章中提到过，HIIT训练讲究的是速度。它锻炼到每一根肌纤维，消耗大量卡路里，并且让你在运动后的数小时，甚至数天，加速新陈代谢！在这些训练中，你从一开始就燃烧脂肪，因为训练的速度和强度都远远超出平常。你是不是觉得有点吓人呢？不用担心。你完成这些冲刺动作的时间很短，仅为30秒钟到2分钟。然后，就会恢复到正常的速度。安大略省圭尔夫大学的杰森·塔拉尼博士说：HIIT对减脂有不可思议的效果，他同时表示：“HIIT能刺激骨骼肌快速再生，短时间内可以提升你的运动能力，比低强度训练更有效。”这意味着你同时获得了更多的肌肉组织，产生了更多的脂肪燃烧酶以及激素。

本章设计的燃脂计划，是将HIIT用于女性喜欢的有氧运动中。请按照本书提供的周计划表，每周进行一组训练（参见第21页）。如果你体力允许，可以增加训练动作，但请记住，这些训练效果很强，每周不要超过3次，每次训练时，中间应留出一天休息。你需要给自己的运动强度做一个1~10分的评级，在训练期间，8~9级的短期高强度爆发式训练需要与6级的较长期的中等强度训练交替进行。

跑步机训练

想要提高跑步机的训练强度，可采用“加快速度”或者“增加爬坡的难度”。以下两种HIIT可以帮助我们提高跑步机训练的强度，你可以任选一种自己喜欢的。

训练计划1：快速前进

这项训练主要借冲刺来达到燃烧脂肪的效果，但是我们建议你将坡度设为1（当设为0时，你感觉在跑下坡路）。当你适应后，可以增加速度，甚至可以让训练难度加大，或者将坡度增加1~2个百分点。如果你是新手，可以将速度调为每小时降1英里，或者设定在推荐范围内的任一数值。

时间	活动	速度（MPH）	强度（1~10）
0:00–3:00	走步热身	3.5~3.8	4~5
3:00–3:45	冲刺	7+	9~10
3:45–4:30	小步慢跑	4.5~6.5	7
4:30–5:30	冲刺	7+	9~10
5:30–6:30	小步慢跑	4.5~6.5	7
6:30–8:00	冲刺	7+	9~10
8:00–9:00	小步慢跑	4.5~6.5	7
9:00–10:15	冲刺	7+	9~10
10:15–11:15	小步慢跑	4.5~6.5	7
10:15–12:00	冲刺	7+	9~10
12:00–12:45	小步慢跑	4.5~6.5	7
12:45–15:00	慢走	3.5~3.8	4~5

训练计划2：HIIT登山训练

该项训练主要通过采用跑步机坡度模式训练来增加挑战性。如果你发现开始坡度太高，可以把每一组调降1级。等你适应后，就可增加坡度来征服卡路里高山。

时间	活动	速度（MPH）	强度（1~10）
0:00–3:00	走步热身/4–5	3.5~3.8	1
3:00–4:00	缓坡慢跑/8–9	4~5	4~5
4:00–6:00	平地轻快慢/7	4.2~6.5	0
6:00–7:00	中坡慢跑/9	7~5	6
7:00–9:00	平地轻快慢跑/7	4.2~6.5	0
9:00–10:00	陡坡慢跑/10	4~5（尽可能）	7~8
10:00–12:00	平地轻快慢跑/7	4.2~6.5	0
12:00–13:00	登顶！快步走/10	3.5–4	10
13:00–15:00	缓和/4–5	3.5~3.8	1~0

跑步训练

如果你进行耐力长跑，身体状态会变得更好，燃烧的脂肪也更少。以下训练可以强迫身体远离舒适度，激发出身体的潜能，在较短时间内甩掉更多脂肪，这些训练不仅增进速度和改善体能，还可省下四分之一的时间！这些训练需要在跑道上进行（可以在你家附近的学校操场进行训练）。

训练计划1：百米冲刺

200米冲刺（这只是标准跑道的一半）是你尽情活动双脚的最佳距离，因为你不用保持体力，只要尽全力冲刺就可以，然后慢跑一圈。经验丰富的跑步者能以较短时间完成以下训练，新手可能需要花较长时间。

时间	速度	路程
0:00~5:00	轻松慢跑到热身	大约2圈
5:00~5:30	百米冲刺	目标：¼~½圈
5:30~7:00	慢跑	目标：1圈
7:00~7:30	百米冲刺	目标：¼~½圈
7:30~10:00	慢跑	目标：1圈
10:00~10:30	百米冲刺	目标：1圈
10:30~13:00	慢跑	目标：¼~½圈
13:00~13:30	百米冲刺	目标：1圈
13:30~15:00	慢跑至走步	目标：¼~½圈

“友”难同当

如果你发现HIIT训练很痛苦，那就邀上几个朋友一起完成训练吧。牛津大学的研究人员发现，一群人一起训练比一个人单独训练更能激发对痛苦的耐受力。科学家推测，训练中的群体动力可能促使潜在的内啡肽分泌。人们常说：人体的能量会相互传递，这是有一定道理的。

训练计划2：绕圈飞翔

这项训练可以挑战你的体能极限。一次只跑半圈时，你可以从一开始就全力猛冲，但在这组训练中你要保留一些体力，才不会让你到达终点时虚脱倒地，要以比开始的时候稍微缓和一点的速度来完成。经验丰富的跑步者会在较短时间内完成训练；新手可能需要花更长的时间。

时间	速度	路程
0:00~5:00	轻松慢跑到热身	大约2圈
5:00~7:00	百米冲刺	目标：大约1圈
7:00~8:00	轻松慢跑	目标：大约½圈
8:00~10:00	百米冲刺	目标：大约1圈
10:00~11:00	轻松慢跑	目标：大约½圈
11:00~13:00	百米冲刺	目标：大约1圈
13:00~15:00	轻松慢跑至停	

单车训练

无论室内或室外脚踏车，都是快速燃烧脂肪的完美工具。骑单车不会让关节受到冲击，却可以为我们带来很棒的瘦身效果。以下训练适用于健身房的动感单车、健身单车和户外单车。如果是动感单车或健身单车，你需要增加运动阻力。如果使用户外单车，请调高挡数。

训练计划1
兰斯·阿姆斯特朗式训练

这些训练以渐进方式增加难度直到你达到极限，从而让身体快速燃烧脂肪。请参考1~10的等级标准，计算你的运动强度。如果在户外，你可以采用平均速度作为衡量标准。有经验的骑行者可以提高速度。

时间	活动	级别	速度（MPN）
0:00~3:00	热身	6	10~15
3:00~5:00	快速蹬车	8	16~17
5:00~6:00	追求速度	9	18~19
6:00~6:30	冲刺	10	20+
6:30~9:30	轻松蹬车	6	10~15
9:30~11:30	快速蹬车	8	16~17
11:30~12:30	追求速度	9	18~19
12:30~13:00	冲刺	10	20+
13:00~15:00	缓和	6	10~15

训练计划2：单车越野

如果你骑户外单车，可以在限定的时间内爬坡，然后再回到出发点，如此重复该动作。如果不是在户外，或者你使用的是健身单车，只要把变速挡调到较高挡增加运动阻力即可。该项训练旨在让你每次用力蹬车时很吃力。当阻力增加时，速度会变慢，但应该能踩动脚蹬，不可忽快忽慢。训练过程中，当要求站姿爬坡时，你不能坐在单车座垫上。当要求坐姿爬坡时，要稳稳坐在座垫上，尽全力踩脚蹬。

时间	活动	级别/变速档	斜坡/阻力
0:00~3:00	热身	6	0~3%/低
3:00~4:00	快速坐姿爬坡	7	4%~6%/中
4:00~5:30	坐姿爬坡	8	6%~8%/高
5:30~6:00	站姿爬坡	9	8%~10%/极高
6:00~8:00	快速与平地	6	0~3%/低
8:00~9:00	快速坐姿爬坡	7	4%~6%/中
9:00~10:30	坐姿爬坡	8	6%~8%/高
10:30~11:00	站姿爬坡	9	8%~10%/极高
11:00~13:00	快速与平地	7	0~3%/低
13:00~15:00	缓和	6	0~3%/低

椭圆机训练

椭圆机是健身房里最受欢迎的健身工具，它可以让你挥汗如雨，但又不用担心对身体有不好的影响。在这项训练中，你可以尽情利用椭圆机帮助全身燃烧脂肪。你可以利用仪表盘上测量的每分钟步速，增高速度并提升阻力，让每一次练习的速度更快、难度更大，直到极限。要记住，不要紧抓扶手，而是要不断挥动手臂带动双脚以最快的速度运动。如果你使用的椭圆机有坡度调节功能，你可以通过模仿登山的设定来增加强度。相关训练请参考第175页HIIT登山训练。

这不是在公园散步

尽管椭圆机是非常理想的修复损伤的健身器材，但近年来却被人们当成可以一边阅读一边锻炼的机器，而不是专门用来锻炼出汗的器材。你可以在椭圆机上抓紧扶手，任由踏板的冲力带着你练习，但是正确使用的话，它可以让你的代谢速度进入高速运转状态。内布拉斯加大学的一项新研究发现，在相同时间和强度下，使用椭圆机和跑步机消耗的热量一样多，氧气消耗量也一样，但人们在使用椭圆机时平均心率却更高一些，这可能是因为肌肉在椭圆机的运动状态中必须费力维持身体平衡。如果你的身体一下子适应不了椭圆机，请交替使用椭圆机和跑步机。

上升式训练

时间	活动	SPM*/发力（1~10）	阻力
0:00~2:00	热身	130~140/5~6	3~5
2:00~4:00	坡道（中速）	150~180/7~8	7~8
4:00~5:00	冲刺	190/9~10	8~9
5:00~6:00	平稳	150/6~7	7
6:00~8:00	坡道（中速）	160~190/7~8	7~8
8:00~9:00	冲刺	200/10	9~10
9:00~10:00	平稳	150/6~7	7
10:00~12:00	坡道（中速）	170~200/7~8	7~8
12:00~13:00	冲刺	210/10	9~10
13:00~15:00	缓和	130~140/5~6	3~5

*每分钟步速。

游泳训练

水的密度是空气的800倍，因此在游泳池进行冲刺训练可以让你燃烧更多脂肪。按照书中的建议进行训练，并完成规定的游泳圈数（按照1–10的强度等级进行）。（注意：该训练针对的水道长度标准为25米；奥林匹克标准泳道长度为50米。如果你不清楚泳道的长度，请先咨询泳池管理员或者救生员。）游到泳池对面为一趟，游到对面又返回为一圈。

自由泳要点

姿势正确，运动效果才会好。当你学习爬泳（自由泳）时，请参考以下建议。

1. 眼睛看着泳池底部。如果抬头，臀部会下沉，速度会变慢。
2. 像鱼一样。连贯、安静的方式游泳，溅起太多水花表示白费力气。
3. 当入水往前划出手臂时，等手臂沉入水中20厘米后再划。想象你抱着一个木桶，并将木桶往后推。
4. 婴儿式翻身。划动的姿势正确可以强健你的背阔肌和背部肌肉，这可以帮助减少水的阻力，而且呼吸也会更容易。如果想练习正确的翻转姿势，可以戴一副脚蹼侧面踢腿前进，并将一只手向前伸展。

划水高手

为了达到游泳的最佳效果，你需要更有效（更持久或更快）的划水方式。尝试以下训练：右手划水两次，左手划一次，右手划一次，然后左手划两次。接着，右手和左手一起划水一次，然后右手划两次，然后左手划两次。这种运动方式持续5分钟。美国游泳学会基思·贝尔博说，这种游泳方法能够让两臂均匀划水，并找到节奏感。

高速混合泳

如果你是一个游泳高手，可以增加游泳的趟数和圈数。如果你是新手，请减少趟数或圈数。

时间	泳姿	长度	强度
0:00~3:00	自由泳/混合踢腿	约2圈	4~5
3:00~5:00	自由泳	约2圈	6~7
5:00~5:45	自由泳	约1圈	9
5:45~7:00	自由泳/混合踢腿	约1圈	6
7:00~7:45	自由泳	约1圈	9
7:45~9:00	自由泳/混合踢腿	约1圈	6
9:00~9:45	自由泳	约1圈	9
9:45~11:00	自由泳/混合踢腿	约1圈	6
11:00~11:30	蛙泳	约1趟	8~9
11:30~13:00	自由泳	约1圈+1趟	8~9
13:00~15:00	仰泳/混合踢腿	约1圈	4~5

跳绳训练

如果你自从看过电影《芝麻街》后就再也没跳过绳，你很快会明白为什么借着跳绳来锻炼步法的拳击手，全身没有一点赘肉。这项训练混合不同的跳绳动作，包括两脚交替跳或双圈高跳（跳绳从脚下走两次），让你的身体在快速变换的过程中接受不同的挑战。原则是，跳起时离地面约5厘米，让绳子从脚底和地面间掠过。记得让手肘贴近身体，脚尖着地。

运动奖励法

物质奖励最吸引人。如果在一个月的训练中坚持到底，可以特别奖赏一下自己。反之，如果偷懒就罚自己钱，这可以让身体建立起错过运动的惩罚机制。“在工作上以金钱为赌注的时候，人们会加倍努力工作”，耶鲁法学院的经济学家与教授伊恩·艾尔斯如是说，他是《胡萝卜和大棒：揭秘做好事情的诱因》一书的作者。

如何做：登录stickk.com网站并注册，输入你的塑身目标及信用卡信息。艾尔斯说，“如果你没有完成既定的运动量，你指定的捐款对象会得到一笔从你的信用卡支付的捐款。如此一来，你会加倍努力运动，因为你不想损失这笔钱。如果你把钱捐给你不喜欢的机构，运动效果会更好”。你是顽固的自由派吗？那就将自己的钱捐给保守派团体！

跳绳学校的训练

时间	跳绳方式	速度	强度
0:00~1:00	双脚跳	中速	5~6/中度
1:00~1:30	单脚跳	中速	7/中高度
1:30~2:30	双脚跳	中速	5~6/中度
2:30~3:00	单脚跳	中速	7/中高度
3:00~5:00	双脚跳	快速	8~9/高度
5:00~6:00	双脚跳	中速	5~6/中度
6:00~7:30	双绳跳*	快速	9~10/最高
7:30~8:30	双脚跳	中速	5~6/中度
8:30~10:30	开合跳**	中速到快速	8/高度
10:30~11:30	双脚跳	中速	5~6/中度
11:30~13:30	原地跑跳***	中速到快速	8~9/高度
13:30~15:00	双脚跳	中速	5~6/中度

*高高跳起，落地前让绳子在脚下掠过两次。

**跳过绳子，落地时双脚分开。然后跳下一次，落地时双脚并拢。

***当绳子上升和绕圈时，原地跑。

第九章：15分钟针对各种体形的塑身计划

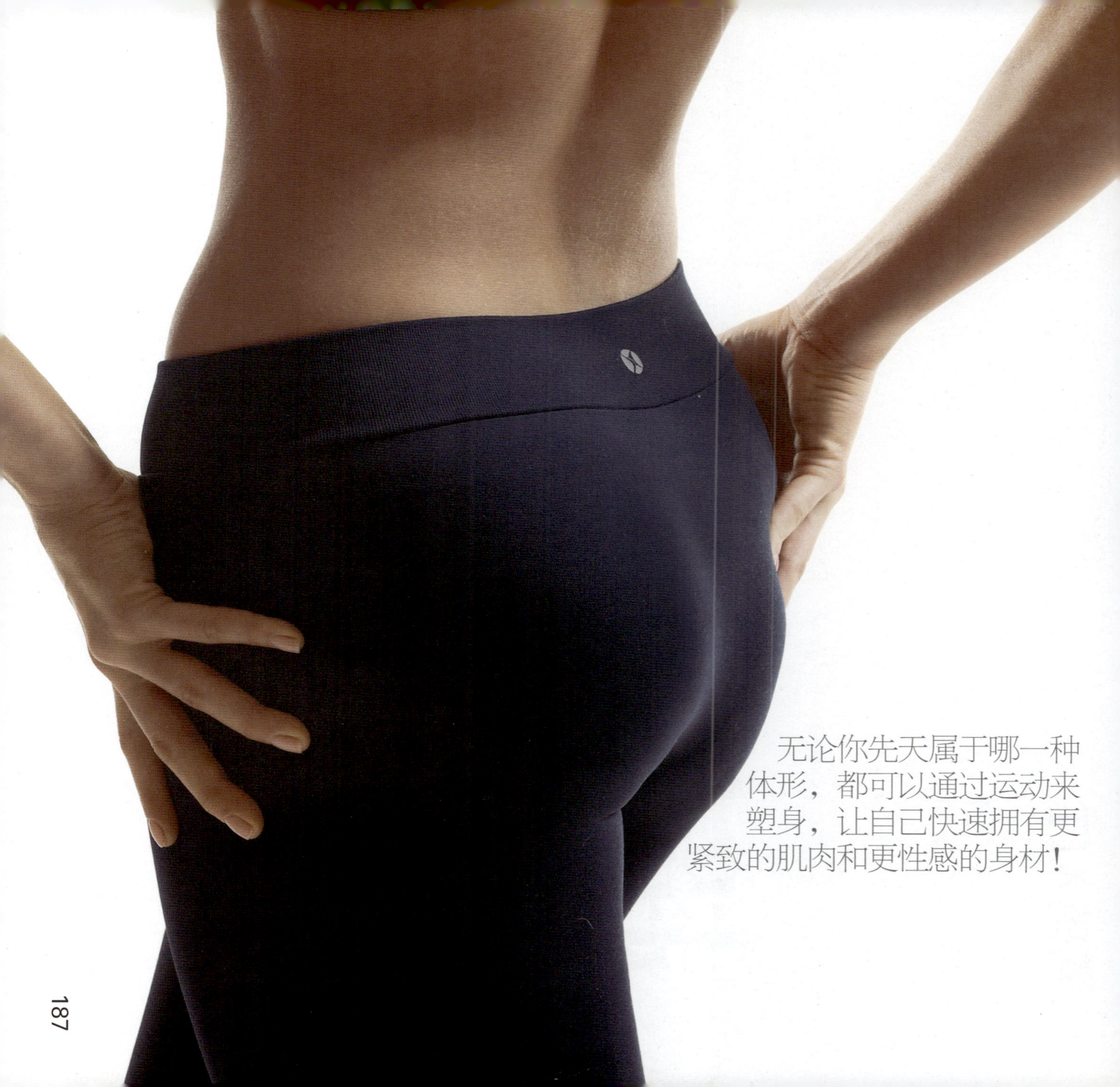

无论你先天属于哪一种
体形，都可以通过运动来
塑身，让自己快速拥有更
紧致的肌肉和更性感的身材！

超快速各种体形塑身计划

大多数的运动都像是做好的现成的衣服，大多数女性都穿得下，但是，如果你想穿上完全合身的衣服，则需要量体裁衣。本章的训练都是针对各种体形量身定制的，可以帮助解决困扰女性身材的各种问题，如肩膀太宽或下身太胖等。因此，无论你是梨形身材，还是沙漏形身材，或者运动形身材，书中介绍的训练方法都可以帮你展现出最完美、最性感的一面！

基本知识

你会注意到刚开始的4个训练动作都一样：哑铃抬腿弓步、俯卧撑与抬腿、平衡球百次呼吸和美人鱼式训练。这是刻意设计的，因为这些动作对各种体形的训练都有效（详细动作从第190页开始）。然后，我们为各种体形挑选出了4种动作，让你的身材优点展现出来，同时缩小缺点。现在就找出自己属于哪种体形（别着急，我们会给你一些提示），准备开始塑身！每周训练3次，或者加入其他章节的运动混合进行训练。

对着镜子做运动

记得在镜子前进行训练。美国达拉斯库柏健身中心博士、资深私人健身教练卡拉·索托维亚说，“在镜子前训练可以马上发现问题，看看哪种动作做得不正确。就跟健身教练在旁边指导你一样。”以下是人们健身时常犯的错误：颈部没有与脊椎保持一条直线，当进行深蹲训练时，膝盖超过脚尖。伊利诺斯大学乌尔班那-香槟分校的研究发现，当你在运动的时候感到想放弃或者回家时，看看自己流汗的模样，会给你更多的动力，让你坚持完成更多的训练动作！

快速浏览：你的15分钟塑身训练计划

P190
主要动作
哑铃抬腿弓步
俯卧撑与抬腿
平衡球百次呼吸
美人鱼式

P194
梨形身材训练计划
剪刀式跳跃
划船式弯举与推举
三角式侧身平举
撑体与膝盖上抬

P198
沙漏形身材训练计划
太极式弓步
侧向平板支撑与膝部移动
侧向踏板
肱三头肌伸展与桥式抬臀

P202
直筒形身材训练计划
交叉式仰卧起坐
叠高式俯卧撑
侧身增强式平板支撑
深蹲与头上方推举

P206
运动员型身材训练计划
行礼式举哑铃
转体式深蹲
俯身式划船上拉
交替式侧向弓步

主要动作

本章各项训练都从以下四组动作开始。希望每个人都做这四组训练动作。因为这些训练动作能够锻炼到身体的重要肌群，并且加强核心肌。此外，这些训练能加快新陈代谢！

尽全力去做：

以下四个动作适合各种体形，因此，在接下来的训练中都包含这四个动作。

小提示： 想增加训练难度，前脚可置于踏板上。

哑铃抬腿弓步

锻炼臀部、大腿、肩部、肱三头肌和核心肌。

A

- 双脚分开站立，与臀同宽。两手各握一个哑铃置于肩膀上方，手肘弯曲向外。掌心朝前。
- 右腿向前迈一大步，身体下蹲，直到双膝弯曲成90度。双膝必须与脚踝成一条直线。

B

- 右脚蹬地，右腿伸直成站立姿势，同时将右膝拉向臀部前方（此时你单脚站立），并将哑铃向上推举。
- 回到起始姿势。左腿重复该动作。

重复次数： 每条腿做10~12次。

俯卧撑与抬腿

锻炼肩部、肱三头肌、胸部与核心肌。

A

- 双手撑地，脸朝下，下半身置于平衡球上。
- 双手往前移动，让球在身体下方滚动，直到球滚至小腿胫骨下方。双手必须位于肩膀正下方，像准备开始俯卧撑的姿势。
- 保持上半身挺直，腹肌绷紧，手肘弯曲，胸部往地面方向下降。
- 当上臂几乎与地面平行时，停止下降动作。

B

- 回到起始姿势，然后左腿立即抬离平衡球，同时收紧臀部。
- 左腿放回平衡球上，然后抬起右腿。此为一个反复动作。

小提示：想增加动作难度，可以将平衡球滚到脚背下，也可以将球移至膝盖降低动作难度。

重复次数：8~12次。

主要动作

平衡球百次呼吸

锻炼核心肌。

A

- 仰卧于地面，双手置于身体两侧。膝盖弯曲成90度，并将小腿放在平衡球上。

B

- 头部和肩膀抬离地面，要确保头部、颈部和肩部保持放松状态。（只要感到上半身肌肉紧张，马上把头放下。）
- 将双手抬离地面，手掌向下，保持手臂姿势并调整呼吸：5次短而连续的吸气，然后是5次短而连续的呼气。此为一个反复动作。

重复次数： 10次（100次短吸气和呼气）。

美人鱼式

锻炼核心肌（特别是腹部斜肌）和肩部。

A

- 身体呈侧平板姿势，左手肘压在地上，位于肩膀正下方。
- 双脚交错，右脚在左脚前面。

B

- 右手直接高举过头——肱二头肌贴于耳侧，手臂伸展，掌心向地面，使手臂与身体呈一条直线。
- 抬高臀部，左手向地面使力。
- 回到开始姿势，并重复该动作。

重复次数：每侧8~10次。

感觉不舒服？休息一天！

如果你生病了，先停止训练，除非你不舒服的部位在颈部以上。即便如此，你最好休息一天。加利福尼亚州圣塔克拉利塔教练阿尔文·科斯格罗夫说，“生病时，你的身体需要能量来治愈疾病，而不是肌肉塑形和锻炼耐力”。

梨形身材训练计划

梨形身材的女性常为自己下半身太宽大而苦恼，但这种身形也造就了不少性感女皇，比如詹尼弗·洛佩兹、艾丽西亚·凯斯和詹尼弗·洛芙·休伊特。当然梨形身材也意味着上半身较纤瘦，下半身容易堆积脂肪。因此梨形身材女性的目标，是上下身的比例匀称。为了达到最佳效果，训练重点放在腰部以上，特别是肩部，由此练出身体的优美曲线。

尽全力去做：

在进行剪刀式跳跃前，请先完成从第190页开始的四个基本动作。按照给出的重复次数连续完成全部动作，中间不休息。重复所有动作两次。

剪刀式跳跃

锻炼臀部和大腿，提高心率，消耗多余的热量。

A

- 站立，左脚在前，右脚向后伸展，脚尖着地。弯曲左膝，右膝向地面下沉，形成弓步。
- 双手往前方或身体侧面伸直。

B

- 快速跳起，在空中两腿交换位置，做出像剪刀的动作。
- 轻轻落地，右腿在前左腿在后，然后身体下蹲，保持弓步姿势。当后腿膝盖快要接触地面时，再次跳跃。
- 持续跳跃动作，中间不要休息。

重复次数：10~20次。

划船式弯举与推举

锻炼核心肌，肱二头肌和肩膀。

A

- 两手各握一个轻量哑铃，在身体两侧伸展，掌心向前。坐在一个训练凳上，身体向后微倾，将膝盖抬到胸部高度，用尾椎保持身体平衡。
- 将哑铃收回至肩膀处。

B

- 迅速旋转手腕，使掌心向前，然后将哑铃高举过头。
- 回到起始姿势。每高举一次哑铃为一个反复动作。

重复次数：8~10次。

三角式侧身平举

锻炼臀部、大腿、背部和肩膀。

A

- 右手抓住一个哑铃，左腿在前形成前弓步。摆出瑜伽中的三角式姿势，将左脚向外转，与右腿垂直，将左前臂置于左侧大腿上。
- 右手垂直向下伸展，掌心向下。

B

- 右手伸直，两侧肩胛骨夹紧，右手往侧面高举至肩膀高度。
- 回到起始姿势，并重复该动作。完成所有反复动作后，右腿向前形成右腿弓步，并用左手完成侧面举哑铃动作。

重复次数：每只手各做10~12次。

撑体与膝盖上抬

锻炼肱三头肌、肩膀、上背部和髋部屈肌。

小提示：想降低动作难度，可以将膝盖弯曲90度，双脚平放于地面。

A

- 坐在训练凳边缘。双手在臀部两侧撑在椅面上，手指朝前，掌心向后。
- 双脚往前移动，将身体缓缓拉离训练凳。

B

- 当臀部向地面下沉时，手臂弯曲，手肘指向身体正后方。
- 收腹，并将左膝抬向胸部。
- 回到起始姿势。注意要用双手将身体撑起，而不是用脚的力量。然后，身体再次下沉，并抬起右腿。此为一个反复动作。

重复次数：6次。

沙漏形身材训练计划

碧昂斯或斯嘉丽·约翰逊等性感女星都是上下身丰满、匀称，腰部纤细，但缺少结实的肌肉线条。沙漏形身材的女性，大腿和手臂容易囤积脂肪，因此她们进行锻炼时需要把重点放在四肢部位。

尽全力去做：

在进行弓步训练前，请先完成从第190页开始的四个基本动作。按照规定的重复次数完成全部动作，中间不休息。重复所有动作两次，中间短暂休息一下。

太极式弓步

锻炼臀部、大腿和核心肌。

A

- 双脚站立，双手向前伸直，掌心向下。

B

- 向左侧迈一大步，左膝从45度弯曲至90度。
- 保持侧向弓步的姿势，停顿一下，然后以腰部为中心点，上身及伸展的手臂向右侧旋转。

C

- 将身体转回正中位置，然后回到起始姿势。在身体对侧重复该动作。此为一个反复动作。继续左右交替做动作，直到完成规定的次数。

小提示：想增加动作难度，可以抱一个药球。

膝盖不要超过脚尖，以免受伤。

重复次数：10~12次。

侧向平板支撑与膝部移动

锻炼核心肌（特别是腹部斜肌）和臀部。

A

- 呈平板式支撑姿势，脚尖和前臂触地，手肘在肩膀正下方。

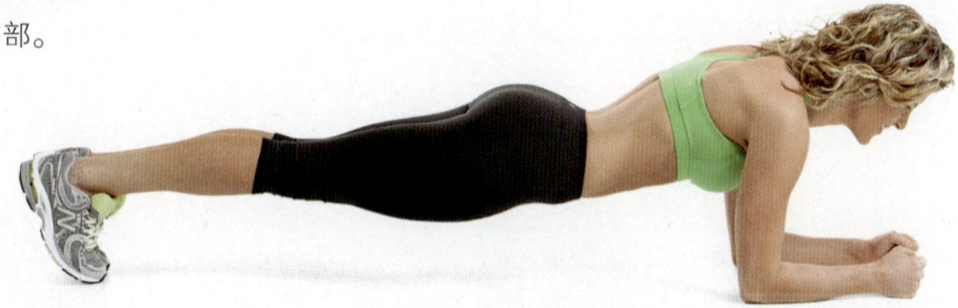

B

- 抬起右手，向左侧翻转。左臂旋转到合适的位置，支撑身体。手肘在肩膀正下方，前臂与身体保持垂直。
- 将右脚叠放在左脚上。

C

- 将右手放在胯部，手肘指向天花板。
- 抬起右腿，将右膝向右手肘弯曲。
- 回到起始姿势。重复该动作，这一次向右侧翻身。此为一个反复动作。

重复次数：10~12次。

侧向踏板

锻炼臀部、大腿，提高心率，消耗多余的热量。

A

- 站在一个30~45厘米高的踏板或训练凳的右侧。左脚放在踏板上，双手放在胯部。

B

- 左脚用力蹬踏板，右腿伸直，跃身至踏板上。
- 下来时，将右腿置于踏板上，左腿伸直形成侧向弓步。接着反方向做该动作，从右侧跳起并越身至踏板。此为一个反复动作。
- 可以把这个动作看成是双脚交替置于踏板上。在整个训练中，两脚不断交替进行，做完规定的次数。

当左脚触地时，立刻往右跃上踏板。

重复次数：10~12次。

肱三头肌伸展与桥式抬臀

锻炼臀部、核心肌和肱三头肌。

A

- 两手各握一个哑铃，仰面躺在地面上，弯曲膝盖。手肘弯曲，让哑铃置于头部两侧，掌心面向耳朵，手肘指向天花板。

B

- 收紧臀部，并抬臀，双手伸直，身体从肩膀到膝盖呈一条直线，让哑铃与胸部对齐。回到起始姿势。

重复次数：10~12次。

直筒形身材训练计划

直筒形身材的女性看起来偏向中性（看上去像男性），但仍性感十足，比如卡梅隆·迪亚兹（看，我说过很性感，一点不假），如果想拥有肌肉感的身材，需要下一番工夫锻炼。为了让身材多些曲线感，应该重点锻炼下半身，紧实腹肌肉，让腹部往内收。下半身训练可以提拉臀部，让臀部上翘，上背部训练则让胸围变宽一点，增加身材的曲线。

尽全力去做：

在进行交叉式仰卧起坐训练前，请先完成从第190页开始的四个基本动作。按照给出的重复次数连续完成全部动作，中间不休息。重复所有动作两次。

交叉式仰卧起坐

锻炼核心肌。

想增加动作难度，在完成整个动作期间，保持头部、手臂和双腿抬离地面状态。如果动作难度太大，每次训练的时候，可以一次抬起一只手臂和一条腿即可。

A

- 仰卧于地面，双手与双腿向外伸展，身体形成X形。
- 收紧腹肌，头部、手臂和双腿抬离地面几厘米。

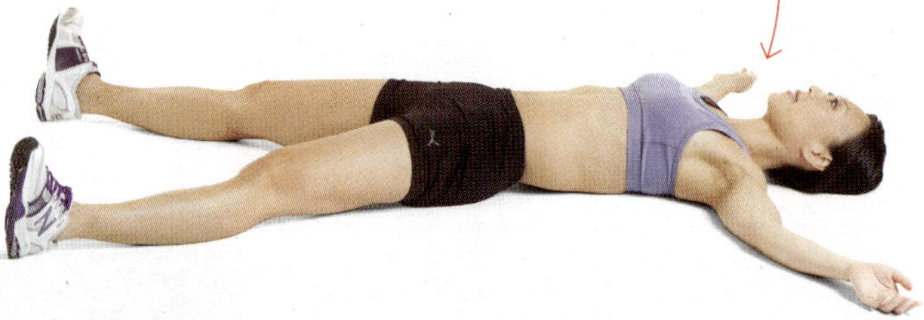

B

- 保持四肢伸展，同时将手臂和双腿带向腹部上方。
- 放下手和脚回到起始姿势。此为一个反复动作。

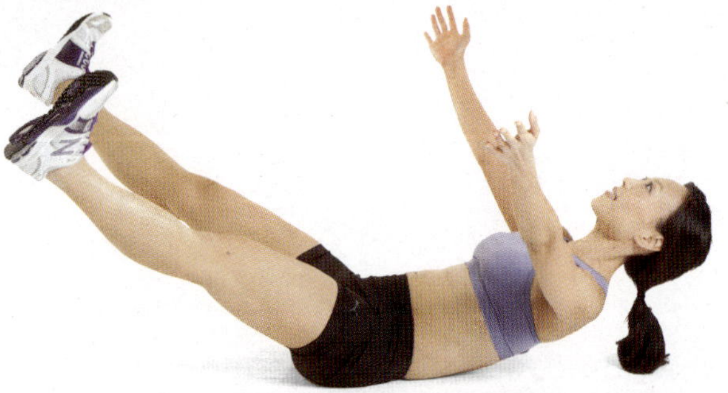

重复次数： 10~12次。

叠高式俯卧撑

锻炼胸部、肩部、肱三头肌和核心肌。

小提示：这种左右不平衡的动作设计，会让地上的那只手承受较多的压力，运动到核心肌，锻炼腹肌、下背部和腹部斜肌。

A

- 摆出俯卧撑的姿势（将双膝跪地或脚着地），双手位于肩膀正下方。
- 将左手放在一本厚书、瑜伽砖或运动踏板上。

B

- 手臂弯曲，胸部下压，直到手肘弯曲成90度。然后伸直手臂，将身体推起。此为一个反复动作。
- 反复做4~6次，然后换到另一侧，将右手放在书或踏板上，左手放在踏板左侧的地面上。
- 重复该动作，这一次右侧在上重复做4~6次。

重复次数：10~12次。

侧身增强式平板支撑

锻炼全身，提高心率，消耗多余的热量。

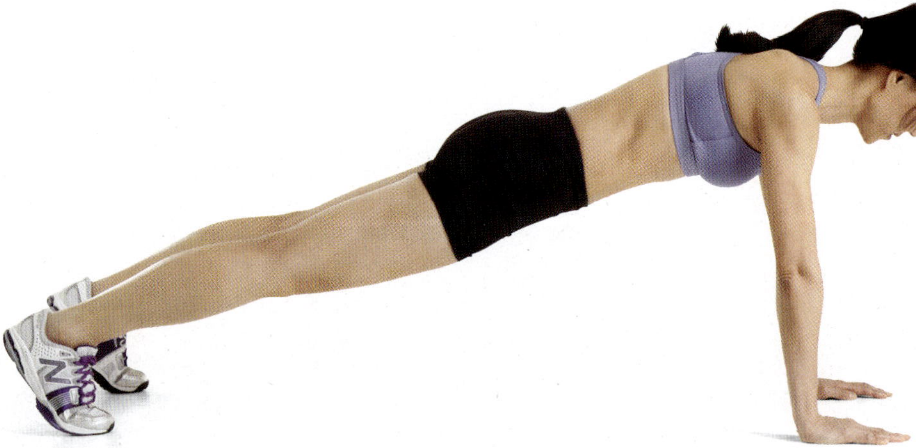

A

- 做出标准的俯卧撑体位，双脚分开比肩宽。

B

- 双脚迅速向右前方跳。
- 跳回起始姿势。然后在左侧重复该动作。此为一个反复动作。

重复次数： 10~12次。

深蹲与头上方推举

锻炼臀部、大腿、肩部、肱三头肌和核心肌。

A

- 双手各握一个哑铃，手肘在身体前方弯曲，将哑铃举到肩膀前方，掌心相对。双脚分开站立，脚尖向外。

B

- 弯曲膝盖、深蹲，不要让膝盖超过脚尖。

C

- 将身体推回起始姿势，右手向前转，将哑铃推向头部正上方。
- 立刻再做一次深蹲，将右手拉回起始姿势。
- 重新站立，这一次用左手高举哑铃过头顶。此为一个反复动作。

重复次数：10~12次。

运动员型身材训练计划

运动员的身材通常是背部和肩部较宽，而胯部却比较窄。代表人物是海顿·潘妮蒂尔和杰西卡·贝尔。拥有运动员型身材的女性通常下半身脂肪相对较少，但身体轮廓会显得有些方形，因为该类身材的人通常腰部也会粗一些。运动员型身材不需要调整太多，但锻炼腹肌和针对臀部与大腿的训练，可以让她们拥有更加健美的体形。

尽全力去做：

在进行行礼式举哑铃训练前，请先完成从第190页开始的四个基本动作。按照给出的重复次数连续完成全部动作，中间不休息。重复所有动作两次。

行礼式举哑铃

锻炼臀部、大腿和肩部。

A

- 双脚分开站立与臀同宽，左手握一个轻量哑铃，将右手放在同侧胯部。
- 左脚向身体的右后方跨一大步，如果将你站立的方向定为时钟的十二点指向，那么你的左脚就站在5点位置。

B

- 弯曲膝盖，臀部向地板方向下蹲，直到右侧大腿与地面平行。
- 同时将左手（即握哑铃的手）直接向身体前方举至肩膀高度。
- 回到起始姿势。做完一整组动作，然后换至对侧进行。

重复次数：每侧10~12次。

转体式深蹲

锻炼臀部、大腿和核心肌。

小提示：想增加动作难度，如图所示，可用双手握住一个哑铃。

A

- 双脚分开站立与胯同宽，双手向身体前方伸直。
- 弯曲膝盖，身体向后蹲，直到双腿从45度弯曲至90度，膝盖不要超过脚尖。

B

- 身体往上回到站立姿势时，上身和手臂向左侧旋转。

C

- 将身体转回正面，立刻再做一次深蹲，站起身时，将身体向右侧旋转。
- 左右各转一次为一个反复动作。动作顺序为：深蹲—站立—同时身体侧向旋转转回正面。

重复次数：10~12次。

俯身式划船上拉

锻炼臀部和背部。

A

- 双脚分开站立与胯同宽，双手各握一个哑铃置于身体两侧。
- 身体下弯，上身向前并下倾，右腿向后方抬高。上身和右腿与地面平行，手臂向下伸直，掌心相对。

B

- 手肘弯曲，将哑铃垂直上拉至胸部两侧。
- 放下哑铃，回到起始姿势。重复该动作，这一次当身体向前俯身时，左腿向后方抬高。

重复次数：10~12次。

交替式侧向弓步

锻炼大腿、臀部和核心肌。

A

- 双脚分开站立与胯同宽，双手各握一个哑铃置于身体两侧。

B

- 向左侧迈一大步，臀部向后坐（膝盖不要超过脚尖），假设自己将哑铃置于脚的两侧。
- 回到起始姿势。然后立刻在右侧重复该动作。此为一个反复动作。

重复次数：10~12次。

第十章：15分钟特殊器材塑身计划

利用平衡球、杠铃、弹力带和壶铃让健身运动充满乐趣！同时使用新的训练方式来锻炼身体，挑战自我。

超快速特殊器材塑身计划

我热爱运动器材！把球类、弹力带、泡沫轴和哑铃这些器材加入到常规健身运动中，就像在比萨中加入调味料一样，可以让日常的训练增添一点变化。如果你不喜欢健身器材或排斥它们，可能是你对它们不了解，所以才会恐惧。我建议你敞开胸怀，拓展自己的运动视野。器材之美在于可以帮助你以新的方式运动到全身的肌肉，唤醒新的肌纤维，让你的形体和力量提升到一个新的层次。毕竟，这些器材本来就是为了这些功能才被发明出来的。

基本知识

本章的各项运动共使用六种以上的特殊器材。利用器材健身，特别是壶铃，训练难度可能会更大一些。如果你刚开始做健身，请逐步使用这些器材进行练习。如果你是健身老手，这些特殊的健身器材能够给你带来新的挑战。请握紧你的装备，开始进行锻炼吧！

快速浏览：你的15分钟特殊器材塑身计划

出差在外也能健身！

出差可能会打乱你的健身计划，即使你入住的宾馆有健身房。有时候你会犹豫要不要走进去。弹力带很容易装进旅行箱中，可以直接在宾馆的房间里使用，这样你就不会找借口不做运动了。另一种你可以考虑装进旅行箱的特殊器材是悬吊式训练器，如TRX，它是一组两端附有拉环尼龙带吊带。可以将这些带子固定在门框上，然后就可以进行各种训练了，如深蹲、引体向上、肱三头肌推举、肩部扩展等。

壶铃塑身计划1

利用壶铃来加快新陈代谢。这种外观像炮弹的负重工具，绝对可以消耗更多热量。威斯康星大学的研究人员发现，壶铃抓举训练（该动作为简单的深蹲加上挥动壶铃，如第221页所示）每分钟可消耗20千卡的热量。比动感单车、划船上拉、椭圆机训练甚至游泳更有效！本章提供两组15分钟壶铃塑身计划，每一组动作可消耗近300千卡的热量。而这只是开始而已。另外，它增长肌肉的效果和脂肪燃烧后（运动后身体修复时消耗的热量）的持续影响，使你的总能量消耗会提高50%。

壶铃的构造

壶铃的塑身作用，源自其独一无二的形状。壶铃的重量分配并不均匀，所以你的肌肉必须使出更多的力量来让其保持平衡和移动。这也是你应该从一个轻量壶铃（不超过5公斤）开始练习的原因，直到你习惯使用它，并最终达到正确使用这种锻炼工具。

手柄：在多数动作中，你都会抓住手柄，这样可以让壶铃摆起，并从一只手转向另一只手。

侧柄：手柄两端的部分叫作侧柄。在某些动作中，特别是如果倒置抓起壶铃时，需要握住侧柄。

基部（或铃部）：这是壶铃的主要重量所在，外观看起来像一个底部平坦的圆球。

尽全力去做：

按顺序完成这些训练动作，中间不休息。结束后休息60秒。然后再重复所有动作2次。

壶铃前后绕身运动

小提示：在整个动作期间，保持核心肌肉绷紧，避免臀部晃动。

A

- 双手握住一个壶铃，置于身前。双脚分开站立，与胯同宽。

B

- 将壶铃交至右手，双手均移至身后。左手抓住壶铃，将其带回身前（完成绕身体一圈）。
- 以上为一个反复动作。

重复次数：10次。然后换方向并重复，中间不休息。

做自己喜欢的事情

西弗吉尼亚大学运动学教授克里斯汀说，“拥有强健身体的基本原则是找到你真正喜欢而且有动力去做的运动。”他同时表示，“尽你所能尝试各种运动与健身器材。你会发现自己非常钟爱于某一项运动，而且渴望出门运动，不会找借口偷懒。”

壶铃塑身计划1

壶铃挥举

小提示：如果感觉背部不舒服，锻炼时可以不使用壶铃。

A

- 双手在身前握住一个壶铃，双脚分开站立，与胯同宽。
- 往下深蹲，直到大腿几乎与地面平行。

B

- 迅速站起，将壶铃向上举至肩膀高度。

C

- 当壶铃拉回时，弯曲膝盖并深蹲，将壶铃摆动至两腿间。然后站起，再次将壶铃举至肩膀高度。

重复次数：15~20次。

壶铃屈膝硬举

A

- 双脚分开站立与胯同宽，将壶铃置于两脚间的地板上。
- 向下深蹲，双手握住壶铃的手柄，保持背部平坦。

B

- 收腹，臀部用力，脚跟蹬地，慢慢站起，手臂伸直。此为一个反复动作。

重复次数： 10~12次。

壶铃光环式

A

- 双手握住壶铃的侧柄，将壶铃倒置直举过头顶，手臂伸直。

B

- 保持双肩放松、胸部挺直，收腹，身体从腰部以上自左向右旋转一圈。
- 壶铃必须在头顶上方画出一个小光环式的小圈。

重复次数： 绕6圈，然后换反方向重复绕圈。

壶铃塑身计划2

壶铃运动能同时兼顾心肺、力量和柔软度训练，效果极佳。以下提供四组壶铃经典动作，可以与壶铃塑身计划1的动作轮流进行。如果时间足够，可以两组动作一起练习。

尽全力去做：

依次完成这些训练动作，中间不休息。结束后休息60秒。然后再重复所有动作2次。

分腿深蹲式绕铃

A

- 右手握住壶铃的手柄，双手垂于身侧，掌心朝内。双脚分开站立，右脚在左脚前方60~90厘米处，脚尖朝前，左脚脚跟离地。
- 弯曲膝盖，臀部向地面下蹲，右手将壶铃从右腿下方传至左手。

B

- 然后，左手从右腿下方接过壶铃，双腿伸直。
- 连续绕壶铃8次，然后手臂往反方向再做8次；接着，左脚在前重复该动作。

重复次数：从每条腿下方绕过16次，每绕8次就变换一个方向继续这个动作。

8字形绕铃

小提示：整个动作必须缓慢、稳定、流畅。

A

- 双脚分开站立，距离宽于胯部，膝盖弯曲，呈四分之一式深蹲姿势，背部保持平直，胸部挺起。双手在左腿后握住一个壶铃，手臂分别位于左腿的两侧。

B

- 左手握住壶铃，将之绕过左腿前方，穿过两腿间，再绕到右腿后方，呈8字形。
- 右手接过壶铃，将之绕过右腿前方，穿过两腿间，然后绕到左腿后方。此为一个反复动作。

重复次数：10次。

壶铃塑身计划2

举铃半起身

A

- 脸朝上平躺于地面，双腿伸直，右手握住壶铃，右臂伸直，将壶铃举至肩膀正上方。

B

- 左膝弯曲，将左脚置于地面，用左手将身体撑起。壶铃与肩膀保持在一条直线上，坐起，直到背部直立。
- 然后反向进行该动作，身体回到起始姿势。此为一个反复动作。

重复次数：5次，然后在身体另一侧重复该动作。

壶铃与胸部推举

A

- 双手握住一个壶铃，双脚分开站立，超过肩宽，脚尖向外转45度。将壶铃置于两腿之间的地面上。

B

- 站起，将壶铃推至胸部高度。

C

- 双手握住壶铃两侧柄，并将壶铃直接上推过头部。
- 将壶铃拉回至胸部，然后降至地面。此为一个反复动作。

重复次数： 10次。

弹力带塑身计划1

几乎没什么重量的弹力带或弹力绳通常被误以为只适合不喜欢出汗的女性使用。这真是大错特错了。健身弹力带的优点不仅是颜色好看、轻巧，在运动时可以全方位使用到全身的肌肉，并能锻炼到无负重训练时容易忽略的部位。你可购买各种不同拉力磅数的弹力带或弹力绳，以进行不同的抗阻力训练。

刚开始使用弹力带时，你可能会觉得很难保持平衡，这是因为弹力带和负重器材不一样，使用负重器材时，中段动作的阻力最高，开始和结尾动作的阻力小，而弹力带的阻力是渐进式的，从开始到结束阶段动作越来越难。使用弹力带时，要注意保持动作缓慢、流畅与稳定。

尽全力去做：

依次完成这些训练动作，中间不休息。完成最后一个动作后休息30秒。然后再重复所有动作2次。

弹力带俯卧撑

A

- 做出俯卧撑姿势，双腿向身后伸直，双手分开与肩同宽。将弹力带绕过两侧肩胛骨并拉紧，两手各抓住弹力带的一端。

小提示：如果动作难度太大，可以从变化版俯卧撑的姿势开始，以双膝着地。

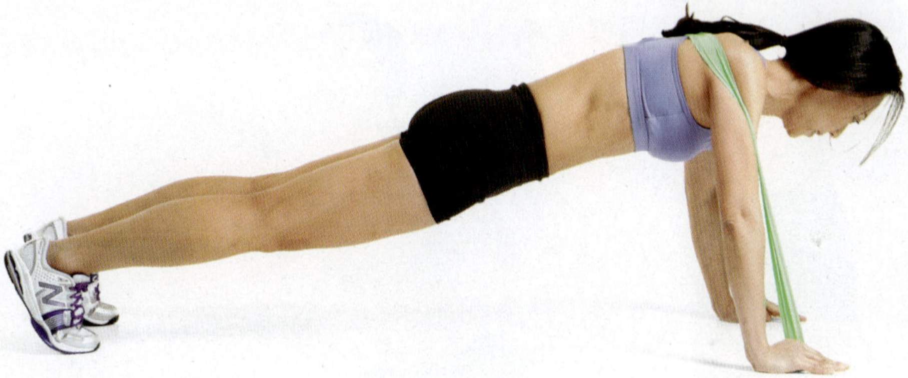

B

- 身体下压，直到上臂与地面平行，然后将身体撑回到起始姿势。此为一个反复动作。

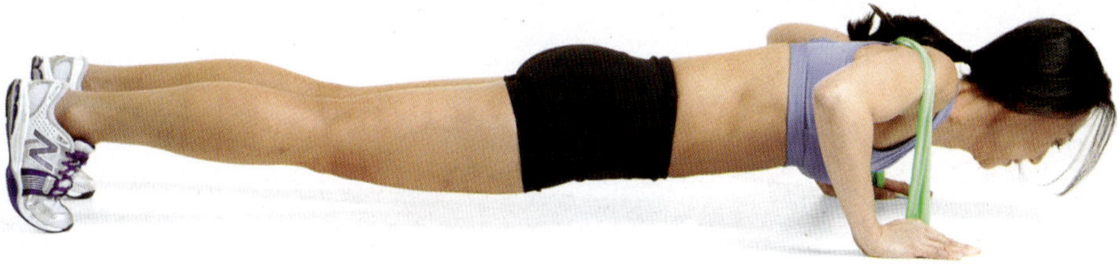

重复次数：10次（或者尽可能多做）。

弹力带塑身计划1

弹力带侧踢式深蹲

小提示：完成该训练动作时，请将弹力绳装上手柄。

A

- 双脚分开站立与胯同宽，绷紧腹肌，将弹力绳踩在双脚下方。双手抓住绳子两端，向上拉升至肩膀高度。

B

- 膝盖弯曲，向后坐，像坐在椅子上。膝盖与脚踝在同一条直线上。

C

- 脚跟用力将身体推回到起始姿势，站立时立刻将右腿往身体侧面抬起。然后在对侧重复该动作。此为一个反复动作。

重复次数：10~12次。

弹力带坐姿划船

A

- 坐在地板上，双腿伸直，将弹力带绕过脚底，双手各抓住弹力带的一端。手臂伸向身体前方。保持背部挺直，双肩放松。

B

- 将弹力带拉向身体两侧时，手肘紧贴上身，肩胛骨夹紧。
- 停顿一下，然后身体慢慢回到起始姿势。此为一个反复动作。

重复次数： 10~12次。

弹力带蛙式蹬腿

A

- 仰面躺在地板上，臀部和双膝弯曲90度，将弹力带环绕双脚，交叉成X形。双手各抓住弹力带一端置于臀部两侧。

B

- 保持这个姿势，绷紧核心肌肉，双腿慢慢在身体正前方的空中伸直。
- 停顿一下，然后回到起始姿势。此为一个反复动作。

重复次数： 10~12次。

弹力带塑身计划2

拉力弹力带可以锻炼特定部位的肌肉，同时让关节受伤的可能性减到最小。弹力带的使用方法多种多样，可以用于模仿多种无负重的训练动作。以下训练提供4种弹力带练习动作，可与弹力带塑身计划1的动作轮流进行。

尽全力去做：

依次完成这些训练动作，中间不休息。完成最后一个动作后，休息30秒。然后再重复所有动作2次。

弹力带深蹲

小提示： 想增加动作难度，可以将弹力带拉离身体两侧。

A

- 双脚分开站立，与肩同宽。一只脚踩在弹力带的一端，将另一端拉伸高于头部，然后将弹力带绕过上背部，置于双肩上。

B

- 做一个深蹲，臀部向后，身体下压，直到大腿至少与地面保持平行。
- 将身体推回到起始姿势。

重复次数： 10~12次。

弹力绳站立式斜飞

A

- 将弹力绳固定在一个门把手上。转身，背对门，抓住弹力绳的手柄，手臂向体侧外伸展至肩膀高度，手肘保持放松。
- 向前迈一大步直到弹力绳绷紧。保持一脚在前一脚在后的站姿，手臂微弯。

B

- 手肘弯度不变，双手将弹力绳往身体前方拉拢。回到起始姿势。

重复次数：10~12次。

弹力带塑身计划2

弹力带仰卧起坐

A

- 将弹力带的两端打结或使用连接带将弹力带两端连接。然后固定在门最下端的铰链上。脸朝上仰卧于地面，头部靠近门，脚位于距离门最远处。
- 抓住弹力带的末端。手肘弯曲，前臂与地面平行，双手停在眼睛上方。
- 膝盖弯曲，脚跟着地。

B

- 绷紧腹肌，上半身尽可能往上抬高。
- 接着将背部躺回到起始姿势。该动作尽可能做得越多越好。

重复次数：10~12次。

弹力带侧跨步

A

- 双脚分开站立，与臀同宽。弹力带环绕在脚踝处打一个结，弹力带必须绷紧，使其不会往下掉。

B

- 保持膝盖微弯，背部挺直，右脚向身体右侧迈开一大步。
- 左脚向右侧迈一小步，双脚回到与臀部同宽的距离，同时保持弹力带绷紧。
- 然后左脚向左侧迈开一大步，接着右脚向左侧迈一小步。此为一个反复动作。

重复次数：10~12次。

药球塑身计划1

药球大概是功能最多的健身器材了。这种经典的负重健身球（现在还有各种形状、大小和材质）可以进行大幅度的身体动作，让手臂、双腿和核心肌肉流畅地动起来，感觉就在游泳或打网球。药球训练可以刺激中枢神经系统，特别是当你投掷和抓住药球的时候，运动过后，你会感到相当的舒爽。以下训练动作由北卡罗来纳大学“焦油踵队”的力量与协调性教练乔纳斯·萨赫拉迪安设计。

药球的结构

根据古代文献和艺术作品证实，药球是最古老的运动器材之一。早在3000年前，古人把动物的膀胱或外皮缝合，中间填满沙子缝制而成。你的祖父可能就用这种手工缝合的药球，但现在这些球通常都是聚氨酯或橡胶材质，填入的填充物为硅或橡胶片，并且有不同颜色、尺寸和重量，最常见的为1~11公斤。药球常被用于康复训练，但现在越来越多的人运用它锻炼核心肌的稳定性和平衡性。

尽全力去做：

依次完成这些训练动作，中间不休息。完成一次系列动作后，休息1分钟。然后再重复动作，总计做3次。

药球画大圆圈

A

- 双脚分开站立，与肩同宽，膝盖微弯，双手抓住药球向上举过头顶。

B

- 手肘伸直，双手按顺时针方向旋转，用药球在身体前方画一个假想的大圆圈。完成所有重复次数后，逆时针方向重复该动作。

重复次数：每个方向做10次。

药球塑身计划1

药球踏板与伸展

A

- 站在一个踏板前方，距离约30厘米，双脚分开与胯同宽，双手在胸前抱一个药球。

B

- 上半身保持直立，右脚踏上踏板，右腿伸直，左腿向身体后方伸直。
- 停顿一下，反向进行该动作，从踏板回到地面。

重复次数：10~12次，然后换左脚重复该动作。

药球伐木式

小提示：伐木式动作是进行负重训练前极佳的全身热身运动。

A

- 双脚分开站立，比肩稍宽，手臂几乎完全伸直，将一个药球举过头顶。

B

- 腰部向前弯曲，做出向后投球的姿势，将球置于两腿间，但双手仍握住球。
- 迅速进行反向动作，以相同力量将球往上带并回到起始姿势。此为一个反复动作。

重复次数：15~20次。

药球塑身计划1

药球深蹲与推举

A

- 双脚分开站立，比肩稍宽，双手握住药球置于胸前。

B

- 将臀部向后坐，膝盖弯曲，身体下压，直到大腿几乎与地面平行。

C

- 然后脚跟蹬地将身体推回至站立姿势，同时将球推举过头顶。
- 将球放下回到起始姿势。此为一个反复动作。

重复次数： 15~20次。

药球站姿俄式旋转

A

- 双手在胸前握住药球，手臂伸直。
- 双脚分开站立，比肩稍宽。

B

- 双臂不要下垂，以右脚为支点，尽量将球和上身向身体左侧旋转。
- 然后在右侧完成相同的动作。此为一个反复动作。

重复次数： 15~20次。

夹球绕圈抬头

A

- 双膝夹紧一个药球，背部仰卧于地面，双腿弯曲，大腿与地面垂直，小腿与地面平行。双手放于头后，手肘位于身体两侧。
- 收腹，将上背部、肩膀和头部抬离地面约30度。

B

- 双膝以逆时针方向慢慢绕圈5次。
- 停顿一下。然后顺时针绕圈5次。

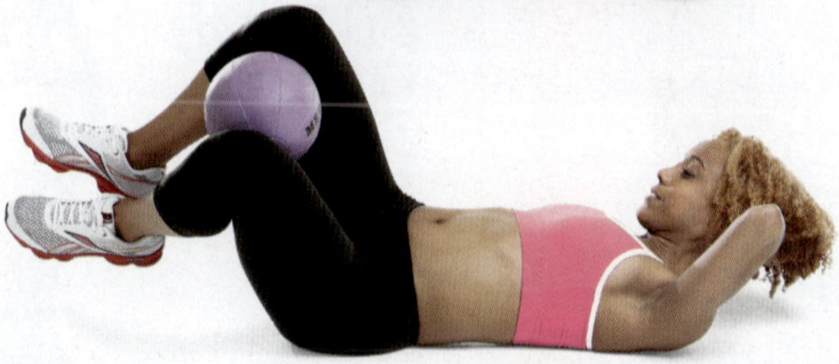

重复次数： 每个方向做5次。

药球仰卧起坐

A

- 双手握住一个药球，仰卧于地面。膝盖弯曲90度，双脚平放于地面，将药球靠着胸部上方。

B

- 做一个标准的仰卧起坐，将上半身抬起呈坐姿。
- 躺下回到起始姿势。此为一个反复动作。

重复次数： 15~20次。

药球塑身计划2

如果想寻求更多变化，以下药球训练动作可以满足你的要求。使用药球，可以进行大幅度的动作，如果你喜欢，可以用不同重量的药球来做运动。

尽全力去做：

依次完成这些训练动作，中间不休息。完成后休息60秒。然后再重复这一系列动作，总计做3次。

药球行走弓步

A

- 握住一个中等重量的药球，双脚分开站立与肩同宽。

B

- 左脚向前迈一大步，身体下蹲形成弓步，左大腿与地面平行。
- 腰部尽可能地向右侧转。
- 向前跨出一步起身，将球带回身体中心位置。换右脚重复该动作，身体向左侧转。此为一个反复动作。

重复次数： 10~12次。

药球触碰脚尖

A

- 握住药球，仰卧于地面，双腿伸直抬高，与地面垂直。双手在头顶上方握药球，手臂伸直。

B

- 双腿保持不动，手肘伸直，同时抬起手臂和上半身，直到药球触到脚尖。
- 将身体躺回起始姿势。此为一个反复动作。

重复次数： 15~20次。

药球升起与落下

A

- 双脚分开一大步站立，脚尖向外约45度。将一个药球举过头顶。

B

- 当身体向右侧后方深蹲时，右膝与双手手肘弯曲，将球向下带至右侧大腿上方。在整个动作过程中，左腿应保持伸直。
- 用右腿将身体推回至站立姿势，将球举过头顶，回到起始姿势。
- 立即在对侧重复该动作，中间不休息。此为一个反复动作。

重复次数： 15~20次。

药球塑身计划2

下斜式抛球

A

- 将一个可调节的仰卧板调节为下斜45度。头部朝下仰卧在板上，双脚抵住脚把。药球抱于胸前。

B

- 当身体向上抬起时，在身体正上方做胸前传球。
- 在动作最高点接住药球，然后躺下，并重复该动作。

重复次数： 15~20次。

手提箱式抬头

A

- 双腿伸直仰卧于地面。双手握球置于头后，手臂向后伸直几乎碰到地面。

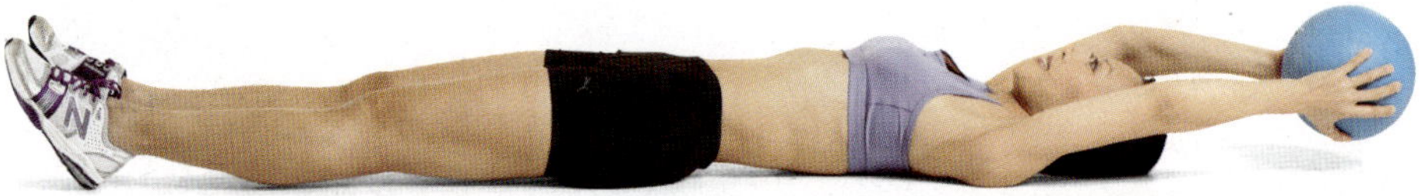

B

- 将上半身抬起，同时右膝向胸部屈曲，将球带过膝盖上方，举到右脚的位置。
- 反向进行该动作，然后左膝屈曲。

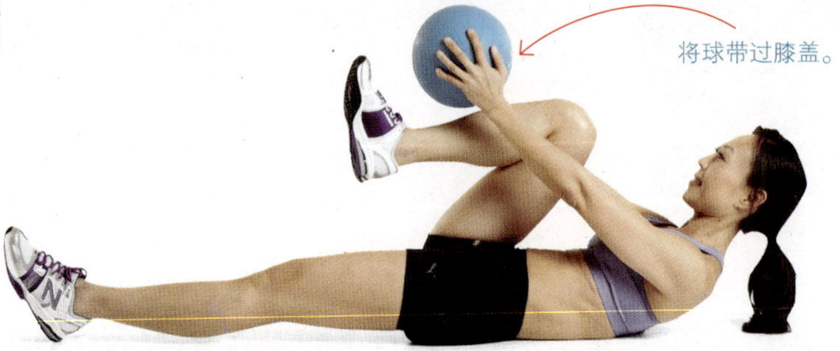

重复次数： 15~20次。

药球挖掘机式

A

- 双脚大步分开站立，脚尖向外约45度。双手握住一个药球，垂于身体前方，手臂伸直。

B

- 膝盖弯曲约45度，成半蹲姿势。

C

- 然后，立即站起，将球向右上方举起至肩膀高度。
- 立刻再次蹲下，将球带回身体前方，然后将球举向对侧，以上为一个反复动作。

重复次数： 15~20次。

药球蠕动式

A

- 双脚分开站立与肩同宽，身体前倾，膝盖微弯，将双手放在置于地面的药球上。

B

- 双脚慢慢往后移动，直到身体从头至脚跟呈一条直线。
- 双脚一次只移动2~5厘米。
- 坚持1秒钟，然后双脚再往前移，回到起始姿势。以上为一个反复动作。

重复次数： 10次。

平衡球塑身计划1

这种拥有诸多功能的充气球（也被称为瑞士球）可以让仰卧起坐和其他训练动作有效地发挥作用，轻而易举地让腹部变平坦。事实上，平衡球训练动作比仰卧起坐要好。加利福尼亚州立大学针对18名男性和女性进行研究发现，在平衡球上进行俯卧撑的效果与做仰卧起坐相似，但是在平衡球上做俯卧撑时，还可以锻炼到胸部、肩膀和手臂。

进行以下训练动作时，记得要使用尺寸大小适合自己的平衡球，标准为：当你坐在球上，你的臀部和大腿应该能够弯曲90度。在本章中，你会学到两种平衡球训练动作，此动作由纽约市H体线俱乐部的私人教练阿什利和美国公立运动医学研究院主席迈克尔共同协助设计。

尽全力去做：

依次完成这些训练动作，中间不休息。完成最后一个动作，休息60秒。然后再重复这一系列动作。

平衡球滑行

A

- 在一个平衡球前跪下。双手松松握拳，放在球的顶部，掌心相对。双脚并拢。身体微微前倾。

B

- 以膝盖为支点，身体前倾，以前臂向前滚动球，同时伸展胯部，胸部向平衡球下压。
- 当肩膀和膝盖几乎呈对角线时停下来。
- 收腹，将球滚回起始位置。

重复次数： 10~15次。

平衡球塑身计划1

平衡球弯腰式

A

- 双手置于地面，脸朝下趴在平衡球上。双手向前移动，让球在身体下方滚动，一直滚至小腿下方。
- 双手必须位于肩膀正下方，就像准备做俯卧撑。身体从脚跟到头部必须呈一条直线。

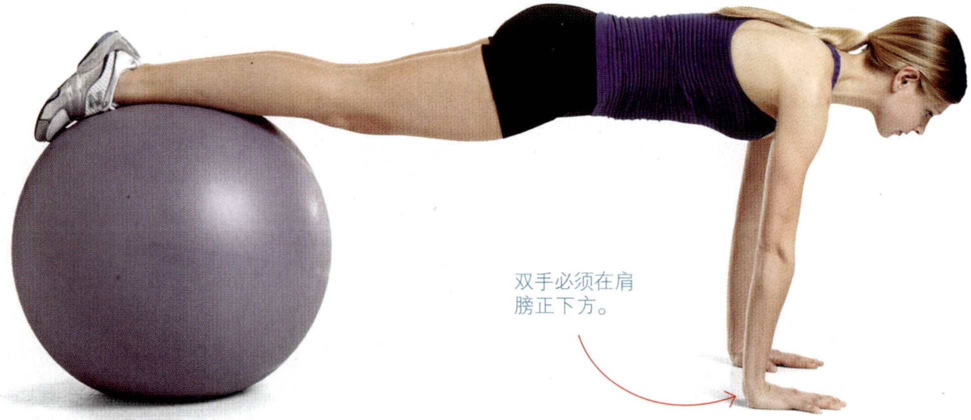

B

- 保持双腿伸直，腹肌绷紧，将臀部向天花板方向抬起，同时将球向手臂的方向滚，尽量让自己感到舒服一些。
- 坚持1秒钟，然后臀部下降回到起始姿势。

重复次数：10~15次。

平衡球眼镜蛇式

A

- 脸朝下趴在一个平衡球上，双手握一副轻量哑铃（不超过2公斤），手臂朝地板下垂，掌心相对。

B

- 将手臂向后方（背部）抬起，直到手臂与身体平齐，两侧肩胛骨夹紧。
- 坚持2~3秒钟，然后将哑铃放下。

重复次数： 10~15次。

平衡球塑身计划1

平衡球滑雪式

A

- 脸朝下趴在平衡球上，双手置于地面上。用手往前移动，使球滚至小腿下方。双手分开，稍微宽于肩膀。

B

- 膝盖弯曲往前移动，直到膝盖位于平衡球的上方，臀部朝向天花板。

C

- 慢慢将臀部转向右侧，让球滚向左侧；然后立即将臀部转回至起始姿势，接着转向左侧。
- 此为一个反复动作。熟悉该动作后，你可以稍微加快速度。

重复次数： 10~15次。

平衡球倾斜式俯卧撑

A

- 将双手放在一个平衡球上，做出俯卧撑的姿势，手臂伸直。
- 从脚踝至头部必须呈一条直线。

B

- 绷紧腹肌，手肘弯曲，胸部向球面下压。当胸部碰触到球面时停下来。停顿一下，然后将身体往上推回。

重复次数： 10~15次。

平衡球腿部弯举

小提示：想增加动作难度，可以每次用一条腿完成该动作。

A

- 仰卧于地面，双手置于身体两侧，脚跟放在平衡球上。脚跟下压，身体抬起，臀部悬空，上半身呈一条直线。

B

- 然后，将球滚向自己，腿后肌群收紧，接着再将球向外滚回。整个过程不要让臀部碰到地面。

重复次数：10~15次。

平衡球伸展式弓步

A

- 双手握住一个药球。将右脚置于平衡球的顶部，左脚站立在地面上。

B

- 左膝弯曲，臀部向地板方向下压，身体向前倾，让药球触碰前方的地板。然后将身体推回起始姿势。

重复次数：10~15次。然后换另一只脚重复该动作。

平衡球塑身计划2

你可以在平衡球上完成数十种不同的动作。以下训练动作可以让你用平衡球来锻炼核心肌、臀部和大腿后部肌肉。在一周的训练计划中，可以运用平衡球塑身计划1和平衡球塑身计划2的训练动作轮流进行。

尽全力去做：

依次完成这些训练动作，中间不休息。完成最后一个训练动作后，休息60秒。然后再重复这一系列动作。

平衡球走步式仰卧起坐

A

- 身体往后躺，将肩膀靠在平衡球上，双手交叉放于胸前，双脚平放在地板上，膝盖弯曲成90度。

B

- 腹肌收紧，双脚向身体内侧移动，坐起。
- 双脚向外移动，反向进行该动作，直到身体回到起始姿势。在整个动作过程中，要保持腹肌用力。此为一个反复动作。

重复次数：20次。

平衡球双手行走

小提示：双手移动时，移动的距离尽可能越远越好。移动越远，动作难度越高。

A

- 脸朝下趴在平衡球上，双手置于地面，双腿抬高，以双手往前移动，直到大腿置于平衡球上。

B

- 夹紧臀部，双手继续向外移动，直到身体呈平板支撑的姿势，脚尖恰好置于球上。
- 收腹，保持身体平衡。坚持5秒钟，然后双手往回移动，回到起始姿势。此为一个反复动作。

重复次数： 10~15次。

平衡球抬腿

A

- 将身体左侧卧于平衡球上，双腿向外伸直，双脚叠放。左手置于平衡球上让自己舒服的位置，将臀部抬高，身体呈一条直线。

B

- 让身体保持此姿势，慢慢抬起右腿。停顿一下，然后慢慢回到起始姿势。

重复次数： 在一分钟内做得越多越好。然后换身体另一侧重复该动作。

平衡球塑身计划2

平衡球划船上拉

A

- 脸朝下趴在平衡球上，双手各握一个轻量哑铃（不超过2公斤），垂于身体前方，大拇指向上，手臂与地面呈45度角。

B

- 将哑铃拉向胸部，然后往外举至身体两侧。

C

- 最后，将哑铃拉回至臀部两侧。
- 回到起始姿势。此为一个反复动作。

重复次数： 10~15次。

平衡球折刀式

小提示： 如果想增加动作难度，可以把双手放在台阶或板凳上。

A

- 脸朝下趴在平衡球上，双手置于地面。
- 双手往前移动，让平衡球在身体下方滚动至小腿胫骨下方。双手在肩膀正下方，就像俯卧撑的准备姿势。

B

- 收腹，双膝弯曲向前移动，将双脚和平衡球带至上半身下方。坚持一秒钟。
- 双腿伸直，身体伸展，同时将身体推回到起始姿势。

重复次数： 10~15次。

平衡球单腿平衡桥式

A

- 脸朝上仰卧在平衡球上，膝盖弯曲，抬起臀部，双脚平放在地板上。双手叉腰，手肘往身体两侧伸展，并往地板下压。
- 双脚往前移动，直到平衡球在两侧肩胛骨间保持平衡。双脚并拢，大腿与地面平行。

B

- 臀部绷紧，右脚慢慢抬起，右腿伸直。
- 坚持一下，数10个数。换另一侧腿重复该动作。此为一个反复动作。

重复次数：5~6次。

平衡球蹬车

A

- 脸朝上仰卧在平衡定球上，双腿弯曲，双脚平放在地板上。右手放在头后，左臂在侧面垂下，指尖触地以保持平衡。
- 左脚伸直，勾起脚尖。

B

- 收腹，同时右肩向左方抬高，左膝则拉向右手肘方向。然后回到起始姿势。

重复次数：10~15次，然后换至对侧重复该动作。

滑盘塑身计划

在训练动作中增加不稳定度，能够迫使身体更加用力。在光滑的表面，如滑盘，甚至纸盘上进行运动，可以活化更多的肌纤维，特别是起稳定作用的肌肉和核心肌，因此能更快速地塑身，并消耗更多的热量。以下训练动作由《准备走红地毯》一书的作者、健身教练瓦莱丽·沃特斯设计。

尽全力去做：

按照规定的重复次数完成训练动作。中间不休息。完成最后一组动作时，休息60秒，然后重复一次整个系列的动作。

滑行侧弓步

A

- 左脚下踩一个滑盘，双脚分开站立与胯同宽。将身体重心移向右脚。双手向前伸直，掌心向下保持平衡。

B

- 右膝弯曲45~90度（膝盖不要超过脚尖），左脚踩在滑盘上尽可能远地向左侧滑出（保持重心放在右脚）。
- 将左脚拉回至起始姿势，同时伸直右腿。

重复次数：10~15次，然后换至对侧重复动作。

侧坐式滑行

A

- 坐下，双腿交叉。将右手放在右胯部。左手伸直于身侧，手掌放在滑盘上。

B

- 身体向左侧倾斜，同时左手向外侧伸直，向左侧滑行。
- 当右侧臀部离开地面时，压住滑盘，将身体拉回起始姿势。此为一个反复动作。

重复次数： 10次，然后换到身体另一侧重复动作。

滑盘屈膝礼式

A

- 双脚分开站立与胯同宽，膝盖放松，左脚下踩一滑盘，双手置于身体两侧。

B

- 右脚跟蹬地，左脚在身体后方滑向右侧，直到右侧大腿几乎与地面平行。
- 同时举起双手并伸向身体右方，转身，眼睛凝视右方。此为一个反复动作。

重复次数： 12~15次，然后换另一边重复动作。

滑盘踏板式仰卧起坐

A

- 脸朝上仰卧在地面上，膝盖弯曲，双脚放在地面上，两脚下各踩一个滑盘。将手放在头后，手肘向外伸展。

B

- 伸展右腿，双脚沿地面滑行，同时收腹，头部与肩膀抬离地面并转向左膝。
- 右脚滑回起始姿势，然后左脚重复该动作。此为一个反复动作。

重复次数： 12~15次。

滑盘桥式

A

- 脸朝上仰卧在地面上，膝盖弯曲，双脚平放在地面上，两脚下各踩一个滑盘。双手置于身体两侧，掌心向下。臀部收紧，抬离地面，身体从膝盖至肩膀呈一条直线。

B

- 保持腹部与臀部肌肉绷紧，以脚跟滑行，双腿逐渐伸直，直到臀部几乎接触地面。
- 膝盖弯曲，滑回桥式姿势。此为一个反复动作。

重复次数： 8~12次。

滑盘登山式

A

- 做出俯卧撑的姿势，手臂伸直，双手置于肩膀正下方地面上，双腿伸直，用脚尖保持平衡，双脚各踩一个滑盘。

B

- 保持身体呈一条直线，将右膝滑向胸部。
- 回到起始姿势，然后左脚重复该动作。此为一个反复动作。

重复次数：快速滑行12~15次。

滑盘俯卧撑

A

- 做出简易版俯卧撑的姿势，双膝着地，手臂伸直，双手置于肩膀正下方，双手各放在一个滑盘上。

B

- 手臂弯曲，胸部向地面下压，同时左手向后滑向肋骨方向，右手向对角线方向滑出。
- 撑起身体滑回起始姿势，然后迅速在对侧重复该动作。此为一个反复动作。

重复次数：12~15次。

第十一章：
15分钟随处都能运动的塑身计划

忙碌的生活工作不该成为你无法进行塑身运动的理由，任何时候都要带上一份塑身计划，让自己找不到偷懒的借口！

超快速随处运动的塑身计划！

面对现实吧！马拉松式的工作一整天，在办公桌前一坐可能就是12小时。生活中的各种事常常会阻挡我们的塑身计划，如假期、出游、天气不好、宝宝生病在家等。这些都是我们不去健身房的理由。无论身在何处都可以进行塑身运动？你所需要的只是自己的胳膊和腿（也许还需一把椅子外加一首好听的旋律歌曲）。这些塑身运动可以在办公室、旅馆的小房间、带小孩去玩耍的公园里，甚至可以在10000米的高空进行，所以，这也是其被称为“无借口塑身计划”的原因所在。

基本知识

你可能从早到晚都要工作，这意味着你必须一整天坐在椅子上。即使你打算在下班后去健身房，但你的身体需要在一天的工作后休息一下。所以，我们特别设计了5种办公室迷你塑身操（每种约需1~5分钟）你可以慢慢熟练这些动作，养成每天练习的习惯。只要一口气做完5种运动，今天的15分钟塑身计划就完成了。

快速浏览：你的15分钟随处都能运动的塑身计划

你的15秒钟提神妙方

你是不是会感到有些疲劳和紧张？那就从椅子上站起来，在一个角落里站一会儿——试着快速做一个伸展动作：面对办公室的某角落，双手抬至肩膀高度，前臂、手肘、双手分别靠在两侧墙面上。身体向内（墙角）倾斜，伸展胸部和背部肌肉。坚持这一拉伸姿势15秒钟，同时做深呼吸。你立刻会感到舒服多了。现在，趁老板没发现，赶快回到座位坐好。

办公室丽人：1分钟超级伸展操

如果你在工作时没有适时地活动身体，久坐电脑前将会导致你弯腰驼背，压迫背部、胸部和肩膀的肌肉。以下伸展操可以帮你舒展僵硬的部位。根据康奈尔大学的研究发现，即使是离开电脑屏幕只有20秒钟，也能立即缓解疲劳，促进血液循环。

尽全力去做：

依次进行这些动作，中间不休息。

布偶式

A

- 坐在椅子边缘，上半身向前弯向腿部，使胸部碰到膝盖，双手下垂。
- 双臂环抱于膝盖下方，背部抬向天花板（胸部抬离双腿）。

重复次数：坚持10~20秒。

坐姿旋转

A

- 在椅子上坐直，双脚平放于地面。
- 右手交叉至身体对侧放在左上臂。
- 左手越过胸部伸直，然后身体立即转向右侧，左手手指抓住椅子边缘或椅背。转身时，将下颌带向右肩膀上方。

重复次数：坚持15秒，然后换至另一侧重复该动作。

挺胸飞鸟

A

- 在椅子上坐直，胯部微微前倾。
- 挺胸，两侧肩胛骨夹紧，远离耳部。
- 两手臂伸展45度角，稍微向后伸展，掌心朝前。

重复次数：坚持10~20秒。

办公室丽人：没有人能发现的1分钟运动

当你在会议室参加一个冗长的头脑风暴会议时，不妨趁机让疲惫的身体休息一下。你可以一边进行这组迷你动作，一边摆出“我正在思考……”的表情。这些动作可以刺激到肌肉，并促进血液循环，而且没有人会发现。

尽全力去做：

依次进行这些动作，运动期间保持正常呼吸。总共进行这一系列动作两次。

掌心互推运动

A

- 双手合十置于胸前，手掌互相用力推，坚持10秒钟。

坐位式手掌下压

A

- 坐在椅子上，双手置于身体两侧，手掌放在椅子上，掌心向下。双手用力向下压，坚持10秒钟。

手掌上推桌子

A

- 身体坐直，双臂置于身体两侧，双手贴在桌子下方，掌心向上，双手分开与肩同宽。双手在桌子下用力向上推桌子，坚持10秒钟。

办公室丽人：4分钟全身运动

你身旁有一张桌子或椅子吧？你只需要这两样东西就可以运动了，并且能解决没时间上健身房的烦恼。

尽全力去做：

依次完成所有动作，每个动作60秒。

椅上下蹲运动

A

- 坐在一张稳固的椅子上（如果你的座椅下面有轮子，为了安全起见，将轮子锁紧，并让椅子靠墙），双手在臀部两侧抓住座椅，臀部离开座椅少许，双腿在身前伸直。

B

- 手肘向后方弯曲，臀部向地面下蹲，直到手肘与肩膀呈一条直线。将身体推回到起始姿势，然后重复该动作。

椅子式盘旋与深蹲

A

- 在椅子边缘坐直，双脚分开，与臀同宽，双脚平放在地面上。双手在身体前方伸直，掌心向下。

B

- 双脚蹬地，将臀部抬离椅子，臀部盘旋于座位上方。
- 坚持3秒钟，然后站起来。
- 坐下，重复该动作。

桌子俯卧撑

A

- 脸朝办公桌站立。双手置于桌子边缘，分开与肩同宽。双脚向后移动，直到呈平板支撑的姿势，身体从头到脚跟形成一条对角线。

B

- 手肘向身体外两侧弯曲，胸部向桌子方向下压，直到手臂弯曲成90度，手肘与肩膀在同一条直线上。坚持2~3秒，回到起始姿势。重复该动作。

椅子上伸腿运动

A

- 在椅子上坐直，手臂向下置于身体两侧，或者放在身后支撑身体。左腿往身体前方伸直，直到与地面平行、与臀同高。

B

- 股四头肌用力，胯部屈曲，将左腿再抬高一些。
- 左腿放低，在30秒内重复该动作。然后换至右腿重复该动作。

办公室丽人：5分钟水杯塑身操

办公室常见物品，例如书本、水杯等，都可以拿来当作运动辅助器材，而且效果不赖！你办公桌上的水杯就可以用来进行以下运动。将水杯装满，让你的身体运动起来吧。每个动作做60秒（除非另有说明）。

尽全力去做：

依次完成下列动作，整个过程保持正常呼吸。

腹部斜肌侧弯

A

- 身体坐直，右手握住一个装满水的水杯，掌心向外，手臂向下置于身侧。

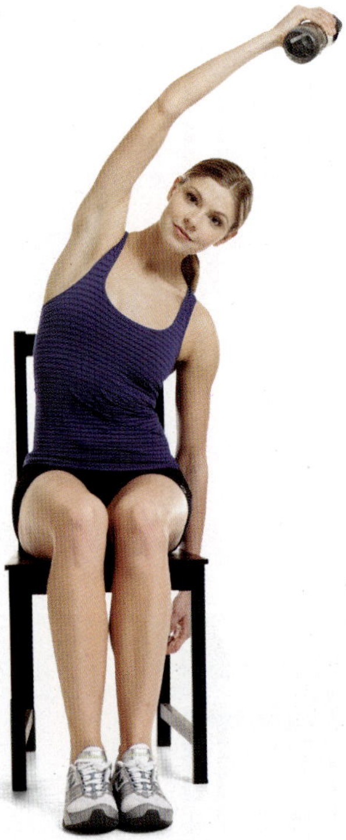

B

- 连续做动作，保持手臂伸直，从身体外侧抬起过头，伸向左侧，身体向左侧弯曲，尽可能让自己觉得舒服。该动作做30秒，然后左手握住水杯并重复动作。

重复次数： 60秒内做得越多越好。

大腿内侧夹水杯运动

小提示：每次大腿绷紧时，收缩腹肌。

A

- 坐在椅子边缘，身体挺直。将水杯夹在两膝间。
- 将大腿内侧肌肉绷紧，慢慢夹紧水杯，越紧越好。坚持绷紧姿势5~10秒。
- 稍微放松一下（但不是完全放松，否则杯子会掉下来）。然后再次夹紧杯子。

重复次数： 60秒内做得越多越好。

办公室丽人：5分钟水杯塑身操

举水杯过头顶与肱三头肌推举

A

- 在椅子边缘坐直。双手握住水杯，手臂从胸部向身体前方伸直，与肩同高。

B

- 保持手臂伸直，将水杯向上举过头部，直到上臂贴于耳侧。

C

- 手臂靠近头部，手肘弯曲将水杯举向背后。双手伸直回到起始姿势。

重复次数：60秒内做得越多越好。

腿夹水杯弯举

A

- 站在椅子或办公桌前。右膝弯曲，将水杯放在右腿后膝上方。扶住椅子或办公桌保持平衡。

B

- 大腿后肌肉绷紧，将脚跟拉向臀部，收紧臀肌群，脚跟朝天花板方向推。持续该动作30秒，然后换另一侧腿重复该动作。

重复次数：60秒内做得越多越好。

腹部旋转运动

A

- 在椅子边缘坐直。双手在身前抱住一个水杯，手臂弯曲，手肘指向身体外侧。

B

- 收腹，身体尽可能舒适地向左侧旋转，然后转回正面，再转向右侧重复该动作。

重复次数：60秒内做得越多越好。

办公室丽人：5分钟下午提神操

有时候，午饭后喝再多咖啡也不能让你保持清醒。以下5分钟健身操可以提高心率，帮你保持清醒，增强脑力。

尽全力去做：

每种动作做60秒钟，除非另有说明。

桌式登山运动

A

- 站在办公桌前。双手放在桌子边缘，分开与肩同宽。
- 双脚向后移动，直到身体呈平板支撑的姿势，从头至脚跟形成一条对角线，手臂从45度弯曲至90度。

B

- 迅速将右膝向上拉向胸部。
- 然后立即放下右腿，换对侧腿迅速重复该动作。

重复次数：在60秒内做得越多越好。

哑铃上臂推举与挥击

小提示：如果没有哑铃，握拳完成该动作也可以。

A

- 在椅子边缘坐直。双手各握一个轻量哑铃，置于肩膀两侧，掌心向外。右手快速向天花板挥击。

B

- 快速将右手拉回，同时左手快速向上挥击。然后右手立即重复该动作。两手不断上下交替重复该动作，连续做30秒。

C

- 将拳头转向，掌心向内，双手置于胸部两侧。
- 右拳猛地向前出拳。

D

- 将拳头拉回到起始姿势，然后左手立即出拳。右拳和左拳交替出拳，连续做30秒。

重复次数：在60秒内做得越多越好。

办公室丽人：5分钟下午提神操

T型前倾运动

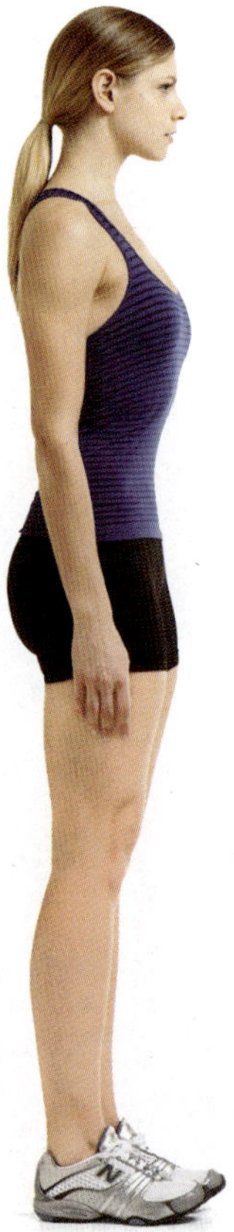

A

- 笔直站立，双手置于身体两侧。

B

- 保持背部挺直，以臀部为支点，将上半身向地面下压，同时右腿抬离地面，向身体后方伸直，上半身和右腿与地面平行，直到身体形成一个T型。
- 停顿一下，回到起始姿势，然后抬起左腿，重复该动作。

重复次数：在60秒内做得越多越好。

摆腿式弓步

A

- 站直，双脚分开与臀同宽。右脚向后迈一大步，左膝弯曲，左侧大腿与地面平行，右膝盖向地面弯曲。

B

- 左脚用力蹬地面，将右脚向上提并立即摆向身体前侧，形成一个前弓步，右膝弯曲，右侧大腿与地面平行，然后左膝向地面弯曲。
- 停顿一下，回到起始姿势，然后抬起左脚，重复该动作。

重复次数： 30秒内不断轮流进行前后弓步，然后换左脚重复动作。

椅上悬空身体

A

- 身体向后完全坐进椅子中，将双腿交叉放在椅子上，双手抓住扶把。

B

- 腹肌绷紧，将膝盖提向胸部，双脚抬离座椅几厘米，停顿一下，然后坐回椅子上。

重复次数： 60秒内做得越多越好（每做完一次，你可能需要休息几秒钟，然后进行下一次）。

饭店房间塑身计划1

你入住的饭店没有健身房？（或者更糟糕的是，你付了健身房使用费，结果却发现只有脏兮兮的哑铃和老掉牙的健身车。）以下塑身计划只要借着自己的体重训练就可以，并且在任何地方都可以进行，效果毫不逊色于在健身房的训练。更棒的是，这些训练动作可以锻炼身上的每一个肌肉群。

尽全力去做：

依次完成这些训练动作，中间不休息。当你完成最后一个动作时，休息60秒钟，然后重复这一系列动作。这组健身运动由佛罗里达州博卡拉顿市“运动潜能训练中心”创始人胡安·卡洛斯设计。

侧桥式外展

A

- 左侧卧位，手肘在肩膀正下方，双脚叠放。腹肌绷紧，臀部抬离地面，以前臂和双脚保持身体平衡，身体呈一条对角线。

B

- 右脚至少抬起15厘米高。
- 放下右脚，然后重复该动作。

重复次数：8~12次，然后换至右侧重复动作。

手碰脚踝外侧

A

- 双脚并拢站立，左膝弯曲90度，用右脚保持身体平衡。

B

- 身体下蹲，左臂伸向身体右侧，并努力用指尖触碰右脚的外脚踝。
- 将身体推回到起始姿势，然后重复动作。

重复次数：8~12次，然后换至左脚保持身体平衡，重复动作。

饭店房间塑身计划1

两步急停式俯卧撑

小提示：用膝盖跪在地上可以降低动作难度。

A

- 做出俯卧撑的姿势，双手分开比肩稍宽，背部伸直。

B

- 颈部与脊椎呈一条直线，将胸部向下压到半途时，停留1秒钟。

C

- 继续下压，直到胸部距离地面仅5厘米。
- 停顿一下，然后将身体推回一半，再停顿一下，最后将身体推回至起始姿势。

重复次数：8~12次。

捕鸟犬式平板支撑

A

- 双手与膝盖着地，双手在肩膀下方，背部伸直。

B

- 腹肌绷紧，同时伸出左手和右腿。
- 放下左手和右腿，然后重复该动作，举起右手和左腿。

重复次数：每侧做8~12次。

雨刷式运动

A

- 膝盖弯曲，双脚抬起，直到大腿位于臀部上方。

B

- 手掌压在地上，双腿向左侧下压。尽可能地下压，同时右肩紧贴在地上。
- 然后双脚回到中间。接着将双腿向右侧下压。

重复次数： 每侧做8~12次。

仰卧式划船

A

- 仰卧在地面上，双膝弯曲，双脚平放在地面上，双手在身体两侧，手肘弯曲90度。

B

- 肩胛骨夹紧，手肘用力推地面，并将头部和上半身抬离地面几厘米。身体下压，然后重复该动作。

重复次数： 8~12次。

饭店房间塑身计划2

以健身动作由加利福尼亚州圣塔莫妮卡市的运动生理学家与健身教练艾米·迪克逊设计。当无法去健身房时，这项塑身计划可以及时地帮助你。

尽全力去做：

依次完成这些训练动作，中间不休息。完成最后一个动作后，休息30~60秒钟，然后再重复这一系列动作2次。

单腿深蹲手点地与推举

A

- 双脚分开站立与臀同宽，双手置于身体两侧。左膝弯曲，左脚向后抬。
- 深蹲，然后抬起右手，向身体外侧伸直与肩同高，然后左手伸向身体对侧，并触碰右脚尖外侧的地板。

B

- 站起身来，同时将左手举向天花板，右手放回身侧，左侧大腿在身体前方抬起至臀部高度。
- 左脚放下，换另一边重复动作。

重复次数：12~15次。

俯卧撑式爬行

A

- 做出平板支撑的姿势，双手分开比肩稍宽。

B

- 胸部下压，尽量靠近地面。维持该姿势，右膝从外侧向右肘方向抬高。
- 右膝放下回到下位姿势，并将双手推回起始姿势。在身体另一侧重复该动作，此为一个反复动作。

重复次数：12~15次。

饭店房间塑身计划2

前弓步点地与反向转体

A

- 双脚分开与臀同宽，双手置于身体两侧。左脚向前迈一大步，形成左弓步，右膝几乎碰到地面，左侧大腿与地面平行。身体往前弯，双手试着触碰左脚两侧的地面。

B

- 左脚用力蹬地，借助这股冲力，右脚向前迈一步，重心移到右脚。然后左脚向后跨一步。身体向后下蹲，同时上半身向右侧转45度。
- 回到站立姿势。此为一个反复动作。

重复次数：12~15次。

深蹲点地与跳跃

A

- 双脚站立，分开较宽，脚尖朝外，双手置于身体两侧。深蹲，直到大腿与地面平行，身体下蹲至手指可以触碰地面。

B

- 立即跳起，越高越好，保持腿部向外张开，双手高举过头。此为一个反复动作。

重复次数：12~15次。

公园里的健身运动

当孩子们欢快地在公园里玩的时候，妈妈不必只坐在长凳上看着。公园里其实有很好的健身器材，比如秋千、单杠等等。当然还有你坐的长凳，都可以让你做一些你喜欢的运动，而且还可以变化动作。以下训练动作可以让你在整个夏天中都保持窈窕的身材。

尽全力去做：

依次完成这些训练动作，中间不休息。当你完成最后一个动作后，休息60秒钟，然后再重复这一系列动作2次。

秋千式弓步

A

- 身体背对一个座椅30~60厘米高的秋千站立，距离秋千一大步。左脚向后伸，脚背放在秋千的座椅上。

B

- 双手放在胯部两侧，身体下蹲成弓步，直到右侧大腿与地面平行。
- 慢慢回到起始姿势。此为一个反复动作。

重复次数： 10次，然后换另一只脚重复动作。

单杠引体向上

小提示：动作太难吗？将身体向上拉时，尽可能长时间地保持上颌超过单杠的姿势或者更好的方法是，让孩子与你一起做这个动作，当你上拉身体的时候，让他们抱住你的腿向上推。

A

- 跳起握住单杠，双手分开与肩同宽，掌心朝向自己。双手伸直，身体悬吊在单杠下方，双膝微弯，脚踝交叉。

B

- 将身体向上拉，直到下颌越过单杠。将身体放下，回到起始姿势。此为一个反复动作。

重复次数：越多越好。

公园里的健身运动

公园长椅跳跃

A

- 站在一个30~60厘米高的、无靠背的长椅上，双膝微弯，双手在身体前方伸直，与肩同高。

B

- 跳下，双腿张开位于长椅两侧。然后跳回长椅上，双脚同时落在长椅上。

重复次数：20秒钟内做得越多越好。

秋千式俯卧撑

A

- 做出平板支撑的姿势，双脚脚背放在30~60厘米高的秋千座椅上。

B

- 双手和双脚向下用力，臀部向上抬高，身体形成弯曲姿势。

C

- 臀部放下至起始姿势，然后身体迅速下压做一个俯卧撑。此为一个反复动作。

重复次数：10次。

10000米高空塑身计划

就算你不能起身在飞机的过道上走走（因为你旁边分别坐着两位鼾声如雷的商务人士），你还是有办法运动身体，加速血液循环。以下训练动作可以促进全身血液循环，而且你还能锻炼到各个主要肌群。

尽全力去做：

依次完成这些训练动作，除非另有说明，每个动作进行60秒。休息30秒后，再重复一次整个系列的动作。

核心肌抬腿

A

- 在椅子上坐直。腹肌绷紧，将一只脚抬离地面15厘米。
- 坚持10秒钟，然后慢慢放下脚，同时放松腹肌。换另一只脚重复该动作。在整个动作期间，左右脚交替进行动作。

重复次数：在60秒内尽可能做得越多越好。

手腕与脚踝绕圈

A

- 抬起右脚和右手，以顺时针旋转10~15次。

B

- 反向进行该动作。然后换另一只手和脚重复动作。

重复次数： 在60秒钟内尽可能做得越多越好。

扶手推臂运动

A

- 在椅子上坐直。双手放在扶手上，手肘弯曲，指向后方。

B

- 双手向下用力推，将臀部抬离座椅。

重复次数： 在60秒内尽可能做得越多越好。

提脚跟运动

A

- 在椅子上坐直，双脚稳稳放在地板上。

B

- 保持脚尖贴地，小腿肌肉绷紧，脚跟尽可能高地抬离地板。停顿一下，放下，然后重复动作。

重复次数： 在60秒内尽可能做得越多越好。

坐姿鹰式脊椎伸展

A

- 右手伸向身体前方，左手交叉于右手下方，双手缠在一起，以左手指触碰右手掌。

B

- 慢慢将双手举向天花板，坚持30秒。

重复次数： 1次，然后双手位置互换重复动作。

提脚尖运动

A

- 在椅子上坐直，双脚稳稳放在地板上。

B

- 保持脚跟贴地，脚尖尽可能高地抬起。停顿一下，放下，然后重复动作。

重复次数： 在60秒内尽可能做得越多越好。

坐姿反向收腹

A

- 在椅子上坐直。双手放在扶手上，手肘弯曲，指向后方。

B

- 收腹，慢慢将膝盖拉向胸部。停顿一下，放下，然后重复动作。

重复次数： 在60秒内尽可能做得越多越好。

夹臀运动

（无图示）

- 在椅子上坐直。
- 臀部肌肉绷紧，两侧臀部尽可能向中间夹紧。坚持10秒钟，然后慢慢放松。

重复次数： 6次。

第十二章：

15分钟
“性福生活”
塑身计划

把充满激情、狂野的性爱比喻为运动一点都不为过。动起来吧！练出更苗条、更性感且柔软度极佳的完美身材，能让你在床上更有自信、更加满意。

超快速打造“性福生活”塑身计划！

健康的性生活会使用到身体的每一块重要肌肉，包括你在镜子中看不到的肌肉。这些肌肉越强健，你就越容易达到高潮。锻炼内侧大腿、臀部、核心肌、上半身以及骨盆肌肉，可以促进下半身的血液循环，让你对性生活更满意。有些女性甚至觉得，光练习以下一些动作就可以达到高潮，因为这些运动锻炼了骨盆区域的肌肉。

以下训练绝对可以提升性生活的品质。不过，不要每天都做这些动作（虽然你可能备受诱惑）。你的“爱情肌肉”需要一点时间休息和恢复，但你却可以随时测试运动的效果！

增强自信的最好武器

根据对《女性健康》读者的调查结果，如果要提升一个女人的自信，首先是运动，然后是称赞，第三则是看自己的美照！

基本知识

用来提升性生活品质的运动无论在哪儿都可以进行，包括餐桌旁、会议室里，或者开车时。这就是有名的凯格尔运动，此运动法是妇产科医生阿诺德·凯格尔为病患治疗时设计的。也就是收缩耻尾肌的运动。平常我们中断排尿就是使用这个部分肌肉。凯格尔运动可以增强耻尾肌和腹横肌，让血液向会阴部集中，增加阴道摩擦力，并在高潮时让收缩更加剧烈。由于可以随时随地进行这种运动，你可以把它加到健身计划中：仰卧在地面上，双膝弯曲90度，双脚平放在地面上。臀部不要用力，收缩耻尾肌，坚持15秒钟。每天练习约20次。

瑜伽让性趣更高！

根据《性医学》杂志的报道，经常练习瑜伽的女性性欲更高，对性生活更满意。你在本章中会看到一些类似瑜伽的动作，第15章也有以瑜伽为主题的塑身计划。

快速浏览：你的15分钟高品质性生活训练计划

P292

“核心高潮”训练计划

单杠抬腿运动
单杠侧向屈体
单脚抬臀
过顶举直腿屈体
下斜式向上抛球

P296

蝴蝶饼体位训练计划

V型抬举运动
平衡球靠墙深蹲
激烈冲击式
半鱼王式

P298

女牛仔式体位训练计划

大腿平衡式与飞鸟
桥式体位运动
蛙式运动
平衡球挤压与弯举
平衡球抬臀与腿弯举
熊式
反向鳄鱼式

“核心高潮”训练计划

什么是核心高潮训练计划？我知道这听来怪怪的。但是当《女性健康》杂志询问读者“是否在健身时达到过高潮”时，大家纷纷点头承认。有很多人声称，当进行腿部抬升运动时，就有这个效果。因此诞生了核心高潮这个概念。

这到底是怎么发生的？《愉悦的秘密》一书作者、性治疗专家维多利亚·扎多克博士说，“有些女性在锻炼时，体内会释放达到高潮所需的内啡肽和多巴胺，加上腹部肌肉与下肢肌肉处于紧绷状态，因此可以使阴蒂受到刺激达到高潮。”无论这些训练能否为你带来额外的惊喜，它本身就是很好的瘦腰法宝。

减重，增进“性福”。

体重超重会影响性生活的品质。杜克大学医疗中心针对1210人进行调查研究发现，对性生活不满意的肥胖者比体重正常者高出25倍之多。值得庆幸的是，不需太减体重，也可以享受愉快性生活。另有一项研究报告指出，体重只需减轻10%，就可以大幅提高性生活满意度。

尽全力去做：

依次重复这些训练动作，中间不休息，完成建议的重复次数。完成最后一个动作后，休息30秒，然后再重复这一系列动作。

单杠抬腿运动

A

- 悬吊在单杠下，双手分开与肩同宽，臀部在身体正中位置，双手到臀部底下呈一条直线。

B

- 保持双腿和背部伸直，然后慢慢以稳定的动作，将双腿抬起，直到与地面平行。然后再慢慢将腿放下。此为一个反复动作。

C

- 是不是觉得像在玩体操？那就试着将自己的双腿抬起超过90度！.

重复次数：4~6次。

“核心高潮”训练计划

单杠侧向屈体

小提示：如果想降低动作难度，可以使用一些辅助器材让手肘和手臂支撑身体的重量，或者在单杠上使用吊带来增加支撑力。

A

- 悬吊在单杠下，掌心向前，将膝盖上抬，大腿与上半身形成90度角。

B

- 然后，身体向右侧夹紧，将右侧臀部抬向右肩。
- 核心肌肉用力，不让身体晃动。然后左侧重复该动作。此为一个反复动作。

重复次数：10~12次。

单脚抬臀

A

- 平躺在地面上，膝盖弯曲，双脚平放在地板上。双手交叉放在胸前，右侧小腿抬高，直到其与左侧大腿形成一条直线。

B

- 左脚蹬地面，臀部缩紧，将上半身抬起，与大腿形成一条直线。
- 坚持3秒钟，然后抬起另一侧腿重复该动作。此为一个反复动作。

重复次数：10~12次。

过顶举直腿屈体

A

- 双手握一副轻量哑铃，平躺在地板上，双手举向后方。双腿抬起伸直，与地面成45度角。

B

- 将双手举至胸部上方，双肩抬离地面，同时双腿高举，直到与地面垂直。
- 回到起始姿势（不要让双腿触碰地面）。此为一个反复动作。

重复次数： 10~12次。

下斜式向上抛球

A

- 将可调节式腹肌训练凳调整为下斜45度。躺在训练凳上，头向下，双脚勾紧脚把。双手握一个药球置于胸前。

B

- 当身体向上抬起时，胸前传球，将药球向上抛。
- 在动作最高点时接住药球，然后让身体躺下。

重复次数： 12~15次。

蝴蝶饼体位训练计划

学了这组运动，你就能在床上轻松变换各种体位。无论是蝴蝶饼体位（顾名思义，以双腿扭成蝴蝶的形状），还是反向女牛仔体位、推车式体位等等，你都能驾驭自如，让自己魅力四射！这组动作也加入了一些瑜伽动作，有助于锻炼胯部、伸展脊椎，增加身体柔软度，同时锻炼骨盆底、核心肌与腿部的关键“性”肌肉。

尽全力去做：

依次进行下列动作。完成最后一个动作后，休息1分钟，然后再次重复这一系列动作。

V型抬举运动

- 脸朝上躺在地板上，将双腿双手伸直。
- 双手向前伸展，与地面平行，掌心相对。迅速抬起上半身和双腿，身体形成V形。

重复次数：5次，每个姿势坚持5~10次呼吸。两个姿势间休息几秒钟。

平衡球靠墙深蹲

- 站立，将一个平衡球夹在下背部和墙之间。身体向下深蹲（就像坐在椅子上），让球向背部上方滚动，直到膝盖弯曲成90度。
- 脚跟用力蹬地，坚持60秒。休息30秒。

重复次数：2次。

激烈冲击式

- 双脚分开站立，与臀同宽。双手举向天空，掌心相对，膝盖弯曲，臀部向后坐，就像坐在椅子上。
- 收腹，不要弓背。将全身重量移到脚跟，保持膝盖不超过脚尖。

重复次数：2次，每次动作中坚持用鼻子进行5次深呼吸。

半鱼王式

- 坐在地板上，双腿在身体前方伸直。右脚放在左侧胯部外侧（右膝朝向天花板）。右手置于右侧臀部后面的地板上。左手指向天花板。
- 呼气时，左臂弯曲，将左手肘放在右膝外侧。每次吸气时，脊椎伸展，每次呼气时，用力转脊椎。将左手肘压向右腿，以保持上半身以更大角度旋转。眼睛看向身后的墙壁。

重复次数：每边做1次，每次动作中坚持5~10次深呼吸。

女牛仔式体位训练计划

在上方掌控节奏的感觉很爽吧？但是，因为女性大腿内侧肌肉相对薄弱，这一令人快乐的上位体位持续时间总是短暂得让人遗憾。以下这些训练动作，可以锻炼到腹股沟、大腿内侧、大腿后部、股四头肌以及胸部和手臂的所有肌肉（让你往前倾斜时能撑住自己），这样你就可以让自己在上方的体位动作持续更久了。

尽全力去做：

按照建议的重复次数依次完成这些训练动作，中间不休息。完成最后一个动作后，休息20秒钟，然后再次重复这一系列动作。

大腿平衡式与飞鸟

A

- 两手各握一个4~5公斤哑铃，平躺在地面上，双手直举至肩膀正上方，掌心向内，两腿间夹住一个平衡球。保持双腿伸直并抬起，脚底朝向天花板。

B

- 手肘微弯，慢慢将哑铃往身体两侧放下，双臂与肩膀形成一条直线。同时，慢慢将平衡球向地板方向下放，距离地面几厘米。
- 慢慢举起哑铃和平衡球，回到起始姿势。此为一个反复动作。

重复次数：12~15次。

桥式体位运动

A

- 脸朝上平躺在地面上，双膝弯曲，双脚平放在地面上，分开与臀同宽。脚尖指向身体正前方。双手伸直平放在身体两侧。

B

- 双脚稍微用力蹬地面，同时将臀部抬向空中。让身体正面随呼吸慢慢伸展。坚持5~10次呼吸。休息几秒钟。

重复次数：3次。

蛙式运动

A

- 双脚分开站立与肩同宽，双手向身体两侧伸展，与肩同高。脚尖微微外转。屈膝深蹲。吸气，踮起脚尖，同时保持膝盖弯曲呈深蹲姿势。

B

- 双脚脚跟不放下，呼气，将双腿伸直。
- 双腿完全伸直后，放下脚跟，双脚平放于地面上。

重复次数：8次。

女牛仔式体位训练计划

平衡球挤压与弯举

A

- 趴在地板上，双手交错置于身体前方，并将上半身撑起。用小腿夹住平衡球。

B

- 膝盖弯曲90度，臀部肌肉收紧，将大腿抬离地面。
- 坚持1秒钟。然后回到起始姿势。

重复次数： 12~15次。

平衡球抬臀与腿弯举

A

- 趴在地上，将小腿放在平衡球上。

B

- 将臀部向上抬，使肩膀至膝盖呈一条直线。

C

- 将脚跟拉向身体，同时将球滚向臀部。
- 停顿2秒钟，然后反向完成该动作，将球滚回直到身体呈一条直线。臀部放回地板上。

重复次数： 12~15次。

熊式

A

- 做出下犬式姿势，手掌与脚跟平放在地板上，背部伸直，身体形成一个倒V形。
- 从下犬式开始，双脚向双手方向移动，双手分开与肩同宽。

B

- 膝盖弯曲，与臀部保持同高，同时上半身抬起至大腿间的位置，双手在身体正前方伸直。

重复次数：坚持30秒。

反向鳄鱼式

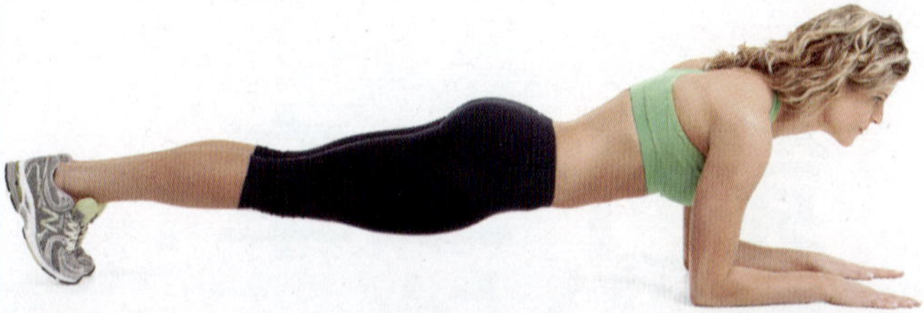

A

- 做出平板支撑的姿势，用脚尖和前臂保持身体平衡。手肘在肩膀正下方。

B

- 膝盖放下，手肘伸直，使身体处于简易版俯卧撑的姿势。

C

- 肱二头肌和肱三头肌用力，身体下压，使臀部与肩膀保持同高，距离地面几厘米。然后以缓慢、流畅的动作回到平板支撑的姿势。

重复次数：5次。

第十三章：
15分钟 病痛痊愈

如果能产生内啡肽（天然镇痛剂），谁还需要吃止痛药？
当身体疼痛无法健身时，请翻阅本章，
里面有各种消除疼痛的运动法，可帮助你解除疼痛的烦恼。

超快速病痛痊愈塑身计划！

运动有神奇的治疗功能。它不仅预防心脏病、糖尿病和抑郁症，还能减缓我们日常的各种痛苦与烦恼，如昏昏欲睡、头痛欲裂、经前综合征和背痛。本章的运动可以配合其他章节的15分钟运动同步进行，也可以在你感到身体肿胀、疼痛或不适时派上用场。

基本知识

“最佳的防守是进攻。”传奇球队“绿湾包装工”的教练文斯·隆巴迪一次在谈到他的橄榄球队时这样说。不过他这句名言也适用于人体：想要预防疼痛、疾病，就要主动出击，让健身运动登场。研究表明，有规律地锻炼、饮食健康、适度调节压力的人，其免疫系统会更强健。所以，请不要等到身体出问题了才想到锻炼，应该随时保养身体。练习本章的动作不仅可以治愈身体的疼痛，还能解除健康危机。如果只想选择一种运动加入到你的塑身计划中，请选择从本书第320页开始的增强式运动。它包括高能量跳跃及其他各种跳跃式运动，有助于强化因年龄增长而衰退的快肌纤维。这一系列向上跳起与往前跳跃的爆发力动作，可对骨骼施加压力，促进骨骼肌生长，因此，即使无法掩饰岁月留下的痕迹，你仍能焕发年轻的光彩。

快速浏览：你的15分钟病痛痊愈塑身计划

启动健身

选择你最喜爱的音乐，陪伴你进行治愈病痛的运动吧。根据《美国公共健康杂志》的一项研究，音乐是“最易接受且常被拿来研究艺术与治疗的媒介”，听音乐对身心健康非常有益。研究发现，抚慰人心的音乐可以舒缓癌症患者的疼痛与焦虑，也能提高其免疫力。马里兰州立大学的研究也表明：音乐带来的愉悦感可以让血管扩张改善26%。音乐可以让我们转移注意力，让你不会注意时间过了多久，使“艰苦”的运动变得“有趣”。加拿大的一项研究指出，举重者在4周内边听音乐边举重，重复的举重次数比之前的最高纪录增加56%。

保护背部训练

强健的背部肌肉是对抗疼痛与不适的利器。但是你也需要强健的体侧（腹部斜肌）和正面（腹直肌）以及耐力，这样你才能在各种运动中避免背部肌肉过度疲劳。以下训练运作可以帮助你增强稳定脊椎的肌肉，并加强它们的耐受力。

尽全力去做：

每个动作进行两组，除非另有说明，每组动作间休息30秒。

前臂平板式

- 做出俯卧撑的上位姿势，手肘弯曲，身体下压，直到身体重心从双手转移到前臂。
- 身体呈一条直线。腹肌绷紧（想象你正在拉上紧身裤子的拉链），并坚持住。

重复次数：只做一次，坚持60秒。如果你坚持不了60秒，可重复做几次，每次坚持5~10秒，然后休息5秒，连续做满1分钟。

侧向前臂平板式

A

- 身体左躺在地板上，双腿伸直。
- 用左前臂支撑身体，双脚叠放。

将一只脚叠放在另一只脚上。

手肘应在肩膀正下方。

B

- 臀部上抬，身体形成一条对角线，将右手放在臀部。腹肌用力并撑住身体。

臀部和膝盖离开地板。

重复次数： 坚持60秒。如果你坚持不了60秒，那就坚持5~10秒，然后休息5秒，连续做满1分钟。然后在身体右侧重复动作。

别用腿部外弯肌

如果想拥有真实、可持续的力量，要避免使用机械式的健身器材。佐治亚州立大学研究发现，使用机械来改善肌肉力量的成年人虽然2年内可增加34%的肌肉力量，但日常可增加活动中真正发挥肌肉力量的能力却下降了3.5%。无负重训练才能帮你练出日常生活所需的肌肉力量。

保护背部训练

前臂平板式抬举

A

- 做出平板式的姿势（脚尖和前臂撑地，身体抬起）。身体呈一条直线。

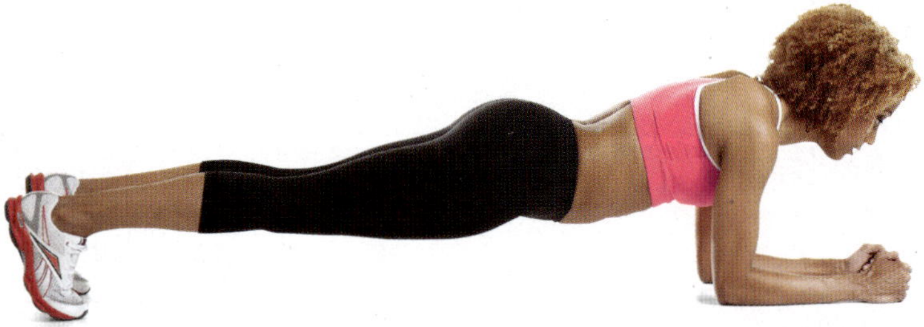

B

- 腹肌绷紧，慢慢将身体重心转移到右前臂。左手向身体前方伸直，坚持3~10秒。
- 慢慢将左手收回，前臂回到地板上。换右手重复动作。此为一个反复动作。

重复次数： 6~10次。

平背膝盖微弯

- 从站立姿势开始，双膝微弯，腰部下弯，直到背部与地面平行。双手向身体两侧伸直，以增加背部的阻力。
- 想象下颌夹着一个橘子，并将腹肌向脊椎上方缩紧，背部尽量平直。坚持10~20秒。回到站立姿势，双腿伸直。

重复次数： 5次。

超人式

- 趴在地上，双手在身体前方伸直，双腿往后抬起。保持双脚内侧互相接触，掌心向下。
- 抬高右手和左脚。
- 坚持此姿势几秒钟。
- 然后换成抬起左手和右脚。

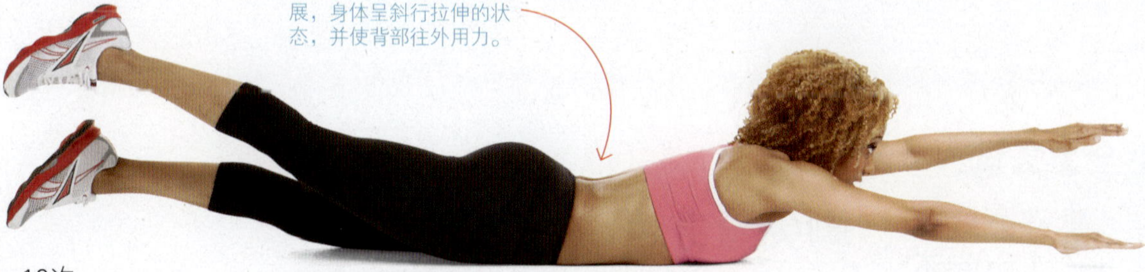

重复次数： 10次。

眼镜蛇式

- 趴下，将双手撑于肩膀正下方，吸气，将头部和上半身抬离地面，呈眼镜蛇式后弯。
- 手肘贴近腰部，下颌往胸部下收，肩膀保持水平。当呼气时，背部下降，直到前额接触到地面。

重复次数： 坚持5次呼吸。

经前综合征舒缓运动

《印度应用生理学会杂志》近期的一项研究发现，经常练习瑜伽可以明显改善经前综合征的症状。圣莫妮卡市“瑜伽运动中心”的创始人雷伊和医学博士米歇尔（《女性瑜伽圣经》的作者之一）说：如果想摆脱骨盆和下腹的闷痛感，请试着练习下面的动作。

尽全力去做：

依次完成这些动作，中间不休息，每个动作坚持60秒。重复整个动作3次，为了达到最佳效果，在整个练习中，保持深而平稳的呼吸。

脚尖弯身运动

A

- 跪在垫子上。脚尖向下弯曲，身体向后坐在脚跟上。仅以脚尖接触垫子。

B

- 将膝盖抬离地面，身体重心前移，并将重量移到脚尖上。注意身体哪些部位比较疼痛，可以试着将身体重量移往这些部位。

重复次数：坚持60秒。

花环式

- 双脚张开，微微宽于胯部站立。将双手在胸前合十，像做祷告一样。脚尖朝外转。
- 膝盖深深弯曲，向下深蹲。保持掌心相对，手肘轻轻推大腿内侧，脊椎伸展，舒展胸部。

重复次数：坚持60秒。

弓式

- 身体趴下，双手放在身体两侧，让下颌触碰地面。双手抓住内脚踝，掌心朝外。
- 吸气，将髋骨向地面推压，双腿向后上方踢，带动双手向后拉，将胸部抬离地面。
- 保持头部与脊椎呈一条直线（颈部不要下弯），双膝互相靠拢（尽量不要让膝盖往身体两侧分开）。

重复次数：坚持3~6次呼吸。

婴儿式

- 跪在地板上，双脚拇趾互相轻触，双膝分开约为胯宽。坐在脚跟上，将上半身置于两侧大腿间，并让前额贴近地面。双手向身体前方伸展，掌心贴地。闭上眼睛，做深呼吸。

重复次数：坚持60秒。

5分钟缓解头痛运动

运动可以缓解压力，并促使让人感觉良好的内啡肽分泌，从而帮助你预防头痛。可是，为了能够放松紧绷的肌肉并缓解头痛，你需要进行拉伸运动。以下训练动作由彭靖惠·萨尼医学博士推荐，其为私人诊所睡眠治疗专家，图森市峡谷农场度假村内科医师。这些训练动作可以帮助你伸展特定部位，减轻压力。

尽全力去做：

你可以每天练习这些动作，甚至每天做2~3次（只需要5分钟！）。或在需要的时候进行练习，特别是压力很大的时候。

半转头运动

A

- 身体坐直，眼睛看向前方，下颌与地面平行。保持双肩下放，背部挺直，轻轻转动头部，尽可能让自己舒服，尽量让下颌靠近胸部。

B

- 停顿几秒钟。然后头部向右肩旋转，右耳尽可能贴近右肩。坚持10秒钟。
- 将头转回来。然后将头向左肩旋转。此为一个反复动作。

重复次数：2次。

小狗式

- 双手和双膝着地，背部放平。然后双手向前滑，使前额向下贴近地板，同时保持臀部抬高。

重复次数： 坚持5~10次深呼吸，让紧张感从肩膀和上背部释放出来。

卧位蝴蝶式

- 脸朝上躺在地板上，双手置于身体两侧，掌心向上。膝盖弯曲，让双脚脚底相贴，使双膝向身体两侧展开。
- 吸气，同时将双手伸向身体外侧，然后向上举过头顶。

重复次数： 坚持5~10次深呼吸，每次呼气时，让整个身体在地板上完全放松。

5分钟缓解头痛运动

兔子式

27

根据《辅助与替代医学》杂志研究显示，练习瑜伽1小时后，大脑中能够改善心情的神经递质γ－氨基丁酸（GABA）增加了27%。

- 跪在地板上，双脚拇趾贴全，膝盖张开与胯同宽。坐在脚后跟上，上半身置于两侧大腿间，前额贴地。双手往后伸展，抓住脚踝外侧。
- 前额向里弯，让头顶贴地。尾骨往远离颈部的方向伸展。身体重心前移，感觉从颈部至尾骨都在进行伸展。

重复次数：坚持5~10次深呼吸，然后慢慢坐回到脚跟上，休息一下。

坐姿头碰腿前弯

- 坐在地板上，背部伸直，双手置于身体两侧，双腿并拢向前伸直。双手伸直过头顶，分开与肩同宽。
- 保持背部伸直，胸和手臂向前倾并下降45度。以大拇指、食指和中指抓住脚拇趾。伸展脊椎，手肘弯曲，上半身往双腿下弯，并靠近双腿。将你的头部在膝盖处放松。

重复次数：坚持5~10次深呼吸。慢慢将上身抬起，双手向头顶伸展，然后放松双手回到身侧。

马上提升能力

穴位按摩治疗头痛

如果你没有时间进行5分钟缓解头痛运动，试着按压拇指和食指间的穴位来缓解头痛。手背朝上用一只手捏对侧手拇指和食指间的虎口处。持续按压，直到感到一触即痛，然后用拇指轻柔按15秒钟。然后在对侧手重复这一动作。

产后塑身计划

在九个月的妊娠期间，那些深层的腹部肌肉、下背部肌肉和重要的耻尾肌都会变松弛。因此，恢复产前身材的第一步，就是有针对性地运动核心肌。

尽全力去做：

依次完成这些动作，中间不休息。完成最后一个动作后，休息30秒，然后再重复整组动作。

[redacted]

平衡球绕圈

A

- 将双前臂放在一个平衡球上，双腿在身体后方伸直，分开与胯同宽。腹肌用力，将身体撑起，呈平板支撑姿势。

B

- 用前臂把球滚向身体左外侧，然后滚向身体前方，再滚向右方（就像搅拌的动作），然后再将球滚回起始位置。此为一个反复动作。

重复次数：8~12次，然后换方向重复动作。

伸臂屈腹运动

A

- 脸朝上躺在平衡球上，双腿弯曲，双脚平放在地面上。双手交叠伸直过头顶，掌心向上。

B

- 同时将双臂、头部、肩膀和上背部抬离球面。停顿一下，然后回到起始姿势。

重复次数：12~15次。

平衡球W式运动

A

- 趴在平衡球上，背部平伸，胸部离开球面。手臂弯曲，双肘往肋骨方向挤压。

B

- 将双手转向天花板，并夹紧两侧肩胛骨，然后回到起始姿势。

重复次数： 12~15次。

反向弯举

A

- 躺在地板上，双腿勾住一个药球，双手放于脑后。

B

- 双腿夹稳药球，将臀部尽可能弯向胸部。回到起始姿势，并重复动作。

重复次数： 12~15次。

对侧手和腿平举

A

- 趴在平衡球上，让肚脐贴在球的最顶端。伸展双手和双腿伸展，用指尖和脚尖保持身体平衡。

私密部位的训练

妊娠和分娩会让耻尾肌变松弛，导致尿失禁的问题。要想让该部位的肌肉恢复紧实和弹性，请参考第291页的凯格尔运动法。

B

- 同时抬起左手和右腿，让其呈一条直线。回到起始姿势，然后换另一只手和腿完成动作。此为一个反复动作。

重复次数：12~15次。

保持年轻塑身运动

如果你不想让岁月过早地在身上留下痕迹，就要锻炼快肌纤维（给你提供速度的肌肉）和骨骼（年过三十后，每年骨密度会流失2%）。你可以运用增强式训练来对抗老化，如高能量跳跃、弹跳以及其他爆发力运动。

尽全力去做：

依次完成这些训练运动，中间不休息。完成最后一个动作后休息60秒，然后再重复整组动作三次。

滑冰式

A

- 右脚交叉至左脚后方，同时左膝弯曲，形成半蹲姿势。左手往身体侧面伸直，右手挥向胯部。

B

- 左脚向右方跳一步，同时双脚和双手互换位置。此为一个反复动作。
- 继续左右跳跃，中间双脚不停顿。

重复次数：10次。

手臂开合跳

A

- 双脚分开与胯部同宽，双手从身体两侧向外伸展，与肩同高。

B

- 双手在胸前合掌，身体向上跳，高度刚好让双脚往外张开。
- 动作不停顿，迅速回到起始姿势。

重复次数：10次，可控条件下越快越好。

放松双脚好舒爽

身体柔软度可以预防运动伤害，而且让人感到非常舒爽！运动前先按摩双脚，可以增加运动范围。踩在一个网球或曲棍球上，用脚转圈滚球45~60秒。可以帮助你放松肌肉周边的组织。而且能产生多米诺效应，同时有助于放松背侧肌肉、小腿肌肉、腿后肌肉以及臀部肌肉。

双手贴地行走

A

- 做出平板式姿势，就好像准备做俯卧撑。双手放在肩膀正下方。

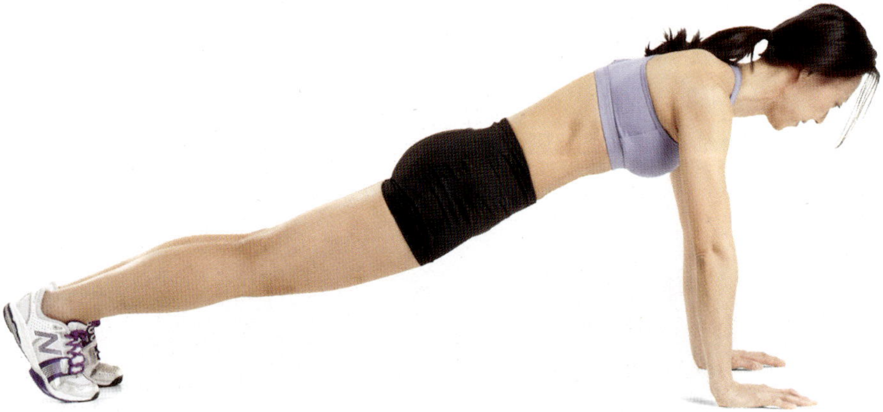

B

- 右手向外侧移一大步，然后左手跟上，让双手回到与肩同宽的姿势。
- 持续此动作，以右手引导动作，顺时针完成一圈。
- 然后用左手引导动作，逆时针完成一圈。以上为一个反复动作。

重复次数：1次。

侧向交替踏板

A

- 左脚踏在踏板上，右脚在地上，距离踏板右侧约60厘米远。膝盖微弯，挺胸，双臂弯曲成90度。

B

- 左脚蹬踏板并向左侧跳跃，落地时右脚在踏板上，左脚在地上，双膝弯曲。
- 接着，右脚蹬踏板并跳回起始姿势。以上为一个反复动作。

重复次数： 10次。

第十四章：15分钟户外运动训练计划

本章的训练是模拟你在运动场上的动作，目的是让你在自己喜爱的运动中表现更出色，而且避免可能发生的运动伤害。

超快速户外运动训练计划！

本书的任何一项训练都能让你在滑雪坡、网球场、单道山地自行车赛，或者任何你喜欢的运动场地中增加力量、速度和耐力。但是，为了帮助你成为真正的运动好手，我们针对不同的运动中使用到的肌肉进行训练并设计了你实际使用这些肌肉时的动作。

快速浏览：你的15分钟超快速户外运动训练计划

基本知识

伟大的运动员，特别是网球、篮球、曲棍球以及排球运动员，都具备瞬间改变速度和方向的能力。无论你进行何种运动，你都可以在任何一种训练之后进行以下敏捷度训练，并从中获益。

场地布置：将四个圆锥摆放成一个大T字形。三个圆锥排成一条直线，每个间隔2.4米（字母T的上半部分），第四个圆锥距离中间的圆锥4.8米（T的下半部分）。

如何进行：从T形的底部圆锥向中间的圆锥冲刺跑，然后立即转向左侧圆锥（步伐短且快速，但双脚不交叉），然后向右侧圆锥跑，越过中间的圆锥，到达右侧。到达任意一个圆锥时，都要弯腰触摸一下圆锥。向中间的圆锥滑步，越快越好，然后反向跑至开始的圆锥。重复这一练习2次，休息一下，然后在另一方向重复该动作。

抽筋的预防与治疗

进行爆发力体能训练时，很容易引起肌肉抽筋。有什么治疗方法？根据《运动和训练医学与科学》的研究，泡菜汁可以缓解痉挛。但是又有谁会带着一坛子腌黄瓜到运动场地呢？这里有一些其他方法可以帮你预防抽筋：

喝水：脱水引发的电解质紊乱会引发抽筋。在健身前的3小时，请喝下500毫升的水。

伸展：当你感觉到要抽筋时，先停下运动，并轻柔地伸展酸痛部位20秒钟，直到疼痛消失。伸展有助于放松肌肉。

按压：弯曲正在抽筋的肌肉也可让其松弛。用力按摩肌肉就像揉面一样。这种方法与前两种方法结合起来，同时伸展和按压肌肉，可以让你摆脱抽筋。

高尔夫训练计划

高尔夫运动看似简单，真正做起来却有难度。即使只是轻松打一场高尔夫比赛，也要用到胯部和腹部斜肌来旋转身体，并产生力量。而这两组肌肉在日常生活中却很少用到。以下这些动作主要锻炼核心肌肉以及胯部、大腿后侧和肩部肌肉，让你在每一次挥杆和发球中都更加强劲有力。

尽全力去做：

把全部动作当作一个系列动作来练习，按照建议的重复次数完成每组动作，然后迅速开始下一组。所有动作完成后，休息1分钟，然后再重复这一系列动作两次。

风车式

A

• 双脚分开站立比胯宽，双手在身前握住一副哑铃，膝盖微弯，掌心相对，上半身前倾。

B

• 将右手举向天花板，上半身向右侧旋转。

C

• 回到起始姿势，然后左侧重复该动作。

重复次数：20次，两侧交替进行。

前倾大腿后肌群弯举

背部伸直，如果在背部放上一把扫帚柄，它应该能触到上背部、臀部和脚跟。

此动作可以锻炼腿后肌群、臀部和下背部肌肉，这些肌肉能够让身体保持平衡度，同时产生运动爆发力。

A

- 将前臂放在椅背上，手肘朝外，头放在手臂上。

B

- 右腿向后抬高，与胯同高，左膝微弯。
- 右膝慢慢屈曲，将脚跟提向臀部。然后慢慢回到起始姿势。此为一个反复动作。

重复次数： 10~15次，然后换至对侧重复该动作。

高尔夫训练计划

割草机式

A

- 右手握住一个4~5公斤的哑铃，自然垂于身侧，掌心朝内。左手放在左胯部。
- 左腿向前迈一大步，直到左膝弯曲成90度，形成左弓步。

B

- 左腿伸直，右手肘弯曲，将哑铃拉向肋骨方向，同时上身向右侧转。
- 放下哑铃，回到弓步姿势。此为一个反复动作。

重复次数：12次，然后将哑铃换至左手重复该动作。

低位交叉伐木式

A

- 双手握住一个2~5公斤的药球，双脚分开站立与肩同宽，双膝微弯。将球向身体右侧举高，超过右肩高度。

B

- 然后，双膝弯曲至少45度，把球带至左脚踝外侧。
- 从左肩至右脚踝重复该动作。此为一个反复动作。

重复次数：6次。

网球训练计划

网球运动，它要求你必须时刻保持专注力。为了玩得更内行，你不仅需要闪电般的快速反应能力，还要有能力从运动场的一头冲向另一头，然后用力挥击从球网另一头过来的球。这意味着从腿部、胯部、肩部和核心肌肉都需要力量、灵活性和敏捷性。以下训练动作可以满足你的所有需求。

尽全力去做：

把全部动作作为一个系列动作来练习，按照建议的重复次数完成每组动作，然后迅速开始下一组。结束后，休息1分钟，然后再重复这一系列动作两次。

强力冲刺与哑铃后拉

A

- 双手在身前各握一个哑铃，双手伸直与肩同高，掌心向下。右脚在前，左脚在后站立。此为起始姿势。

B

- 弯曲膝盖，身体前倾。同时将哑铃拉至上身两侧，掌心转向面对身体。
- 慢慢回到起始姿势。此为一个反复动作。

重复次数： 10~20次。然后左脚在前重复该动作。

小腿提升运动

A

- 站在一张椅子旁，脚跟并拢，脚尖外转，形成一个大V形。左手放在椅子上，右手放在胯部。

B

- 慢慢踮起脚尖。坚持2秒钟，然后缓缓回到起始姿势。此为一个反复动作。

重复次数：10~15次。

立即提升能力

跑得快，瘦得更快。

忘记那些强度固定不变的有氧运动吧。《马拉松怎么跑》一书的作者、运动生理学家汤姆·霍兰德说道："事实就是这么简单：跑得越快，消耗热量越多，体重就减得越多，"霍兰德推荐，在健身时花一半的时间在接近无氧运动的阈值强度下进行书中的HIIT训练就是这样的。"从我们开始感到呼吸困难起就到临界点了，因为我们的身体不能再清除血液中的乳酸。"霍兰德说，"跑步者称其为节奏式训练——这就意味着，在设定的时间内，加快你的速度，在达到'艰难但仍舒适'的强度之后，维持此运动状态并继续进行一段时间。"

转体式摆臂

A

- 双手握一个2~5公斤的哑铃，双脚分开与肩同宽。手臂在体前伸直，将哑铃举至肩膀高度。

B

- 保持胯部直立，手臂伸直。上身和手臂尽量向左侧转。
- 然后再将哑铃尽量转向右侧。
- 加速哑铃在身前的转换速度，然后一旦到达体侧，就减慢速度。从右侧慢慢将哑铃带向开始的位置。此为一个反复动作。完成所有重复次数后，再重复该动作，这一次从左侧旋转。

重复次数： 10次。接着换身体另一侧重复该动作。

侧向跳跃与点地

A

- 并脚站立，膝盖微弯，手肘弯曲90度，双手位于身前。

B

- 向左侧跳跃，用左脚轻轻落地。不要让右脚碰到地板。
- 立即将左脚推离地面向右侧跳跃，此次为右脚着地。此为一个反复动作。接着再做4次反复动作。

C

- 双脚着地，停顿一下。现在，再向右侧跳跃。当你的右脚接触地板时，深蹲，然后用左手触碰右脚尖。
- 立即将左脚推离地面向左侧跳跃，深蹲，然后用右手触碰左脚尖。此为一个反复动作。接着再做4次反复动作。

重复次数： 总计10次。最后5次以手触碰脚尖。

滑雪训练计划

任何经历过滑雪一整天后双腿麻木的人都知道，雪地运动需要使用下半身的力量。滑雪时，双腿就像动力引擎和减震器。以下训练包含跳跃与支撑的动作，即使你滑雪一整天，也不会感觉到双腿发麻，不舒服。

尽全力去做：

把全部动作当作一个系列来练习，按照建议的重复次数完成每组动作，然后迅速开始下一组。结束后，休息1分钟，然后再重复这一系列动作。总计重复做三次。

滑雪式跳跃

A

- 做出俯卧撑的上位姿势。

B

- 双腿并拢，绷紧腹肌，双脚向左上方踢，双膝向臀部弯曲。
- 着地时，双脚在左肩外侧。

C

- 跳回起始姿势，然后立即向右侧重复该动作。

重复次数： 1分钟内跳得越多越好。

博速球跳跃

小提示： 如果想增加动作难度，试着旋转360度。

A

- 先以双脚在博速球上轻轻弹跳1分钟进行热身，保持臀部和膝盖在一条直线上，用核心肌肉稳定动作。

B

- 然后高高跳起，转180度。

重复次数： 跳10次180度，然后反方向重复该动作。

药球侧向跳跃

A

- 双脚站立，将一个药球抱在胸前。

B

- 向右侧跳跃，将球带向右脚外侧。然后，身体直立，并在左侧重复该动作。此为一个反复动作。

重复次数： 10~12次。

深蹲增强式跳跃

A

- 双脚分开站立，距离大于肩宽，双膝和脚尖向外。

B

- 往空中跳起，保持双脚分开。落地时依然保持双脚张开，双膝放松，减轻冲力。.

重复次数： 20次。

跑步训练计划

跑步需要的绝不仅仅是双腿，你还需要强健的腹部、腹部斜肌和背部肌肉，这些肌肉在你开始感到疲惫的时候支撑着身体不至于向前栽倒。甚至你的肩膀也担负了重任，因为手臂摆动的力度是迈出强有力的步伐的关键。以下训练动作能增强这些肌肉，并为你的速度添加爆炸式的动力。

尽全力去做：

把全部动作当作一个系列来练习，按照建议的重复次数完成每组动作，然后迅速开始下一组。完成后，休息1分钟，然后再重复这一系列动作。总计做三次。

站立式抬腿

小提示：动作时速度要快。

A

- 双脚分开站立与肩同宽，双手置于身体两侧。尽量抬高右膝，左手向前摆直到与地面平行。

B

- 回到起始姿势，然后左膝和右手重复该动作。

重复次数：两侧轮流，1分钟内做得越多越好。

深蹲式跳跃

A

- 双脚分开站立与肩同宽，双手置于身体两侧，或放在脑后。身体后坐成深蹲姿势，直到大腿与地面平行。

B

- 突然用力跳起。落地时膝盖放松，减缓冲力。

重复次数： 10~15次。

双手拍地式

A

- 做出俯卧撑的上位姿势，双手分开，超过肩宽。

B

- 绷紧腹肌，手臂伸直，抬起左手，紧贴右手放下，然后，回到起始姿势。
- 右手重复该动作，然后回到起始姿势。

重复次数： 在60秒内完成越多越好。

提臀运动

A

- 在一个踏板或箱子旁站立，将左脚置于踏板上，右脚在踏板边缘悬空。将双手置于胯部。

B

- 保持双肩在同一水平线上，胯部向前，双腿伸直，用臀肌群力量将右侧胯部提高。
- 然后放下右腿，回到起始姿势。此为一个反复动作。

重复次数： 12~15次，然后换至对侧重复该动作。

铁人三项赛训练计划

铁人三项赛包括游泳、骑单车和跑步，这三项运动会让每块肌肉都备受考验。本训练动作包括：能助力跑步的爆发力训练，能增加骑单车时更稳定的核心肌肉稳定度训练，以及在水中游得又快又远的全身力量与伸展训练。核心肌肉的稳定性训练让你在自行车上的表现更为强壮，全身力量练习和拉伸训练可以让你在水中游得更远、更久。

尽全力去做：

把全部动作当作一个系列动作来练习，按照建议的重复次数完成每组动作，然后迅速开始下一组。完成后，休息1分钟，然后再重复这一系列动作。总共做三次。

印度式俯卧撑

A

- 做出俯卧撑的姿势，抬高臀部，移动身体形成下犬式，双腿伸直，将脚跟压向地板。

B

- 从这个姿势开始，让臀部压向地板，同时上半身往上抬高，胸部挺起，将身体重心前移，身体转为上犬式。
- 反向完成该动作，并回到起始姿势。此为一个反复动作。

重复次数：10次。

转换式弓步

A
- 前弓步，左侧大腿与地面平行。

B
- 摆动双手，以维持平衡和冲力，向上跳起，双脚在空中交换位置。

C
- 以弓步落地，右脚在前。
- 重复该动作，回到左腿在前的姿势。此为一个反复动作。

重复次数： 12~15次。

15分钟 铁人三项赛训练

纽约运动俱乐部教练卡尔·斯科特说：在健身房进行迷你版铁人三项赛，可以让你锻炼出游泳好手的肩膀线条，骑单车好手的强健双腿，以及跑步者的强健体格。

如何进行： 以中速蹬自行车——运动强度为5或6级（你已经骑得很卖力了，但还能与人对话）5分钟。然后到外面或者在跑步机上跑步5分钟，运动强度仍为5~6级。最后，一头扎进上拉划船机上（它可以模拟游泳时上半身的动作），以相同的运动强度做5分钟。

立即提升能力
游泳让你更苗条

如果你有时间游泳的话，没有什么比游泳更能让人变苗条了。游泳的塑形效果来源于它能运动到全身的肌肉和消耗大量的热量。轻松游泳1小时，就能消耗500千卡的热量，更激烈的游动会消耗700千卡。因为水的密度几乎是空气的800倍，你每一次蹬腿和划臂都像是进行抗阻力训练，可以锻炼核心肌肉、胯部、双臂、双腿、肩部和臀部。所以，当你游泳时，除了消耗更多的热量之外，还可以提高新陈代谢。不要犹豫了，赶快去游泳吧。

深度伐木式

A

- 双手握一个2~5公斤的药球，双脚分开站立与肩同宽，双膝微弯。将药球举向左肩上方高度。

B

- 再举一次球，双膝至少弯曲45度，将球带至右脚踝外侧。在另一侧重复该动作。此为一个反复动作。

重复次数： 10~12次。

胯部前倾与旋转

A

- 身体站直，左手扶在椅背或其他支撑物上，右手置于胯部。

B

- 保持右腿伸直，上半身自胯部慢慢前倾，右腿往后伸直，右脚绷直，直到身体从头至脚跟形成一条直线。

C

- 当身体与地面保持平行时停下来，接着身体向右侧旋转，然后回到起始姿势。

重复次数：10次，然后换至对侧重复动作。

骑单车塑身计划

虽然骑单车的运动看上去似乎只有双脚在运动，但实际是一种全身运动。每踩一次脚蹬，你的上半身就变成双脚用力蹬开的平台。双臂和肩部将帮助你在上坡的时候保持平衡，臀部则负责让你稳稳坐在车座上。以下训练动作可以帮你一次锻炼到所有这些部位。

尽全力去做：

把全部训练动作作为一个系列来练习，按照建议的重复次数完成每组动作，然后迅速开始下一组。完成后，休息1分钟，然后再重复这一系列动作。总共做三次。

蜘蛛式

A

- 双手各握一个轻量哑铃，手部与膝盖置于地板上，背部平直，双手在肩膀正下方（哑铃的纵轴应当与身体平行），双膝在臀部正下方。

B

- 举起左手，向身体外侧伸直，同时右腿保持弯曲并向身体外侧旋转。回到起始姿势。在身体对侧重复该动作。此为一个反复动作。

重复次数：10~12次。

深蹲举铃

A

- 双手各握一个5~10公斤的哑铃置于身体两侧，掌心朝向大腿，双脚分开与胯、肩同宽。.

B

- 双膝与胯部屈曲，臀部向后坐，好像坐在椅子上。
- 立即将身体推回原位，手肘弯曲，将哑铃弯举至肩膀上方。

C

- 完全站直后，立即将哑铃推过头顶。
- 将哑铃放回身体两侧，然后重复该动作。

重复次数：10~12次。

立即提升能力

让你的大脑也加入到运动中来

大脑运动是所有热身运动中的重要一环。芝加哥白袜队前教练弗恩·甘必塔说：“让你的中枢神经系统开始为即将开始的活动做好准备与肌肉做准备同等重要。”这是因为中枢神经系统负责下达让肌肉收缩的指令，试着以一只脚站立，同时向下深蹲，并用对侧手触碰前方的地面。每只脚各做两组，每组做10~12次。

平衡式撑体伸展

A

- 坐在椅子边缘，双手抓住在臀部的两侧椅面。膝盖保持屈曲，双脚平放在地面上。让臀部离开座椅边缘。

B

- 手肘弯曲，臀部向地面下移，直到上臂与地面平行。

C

- 手臂伸直，左手伸向身体前方，与肩同高，掌心向下，同时右脚向身体前方伸直，脚屈曲。
- 停顿一下。然后将手和脚收回至起始姿势，用另一只手和脚重复该动作。此为一个反复动作。

重复次数：10~12次。

单脚下踏板

9

根据《欧洲应用生理学》杂志报告，控制饮食并进行力量训练的人，与单纯控制饮食但不运动的人相比，10 周后多甩掉数公斤脂肪。

A

- 双手握住一副哑铃，右脚站在一个45厘米高的踏板上，让左脚悬空。

B

- 收腹，挺起胸部，左脚慢慢放下，用左脚跟轻轻着地。
- 保持右脚跟稳稳踩在踏板上，将身体推回起始姿势。单脚完成全部重复次数后，另一只脚重复动作。

重复次数： 每只脚各做10~15次。

第十五章：15分钟伸展与力量训练

这一系列的身体柔软度运动，可以激活你身上那些平日很少用到的肌肉纤维。你会感觉整个人变得更年轻、更平和、更性感！

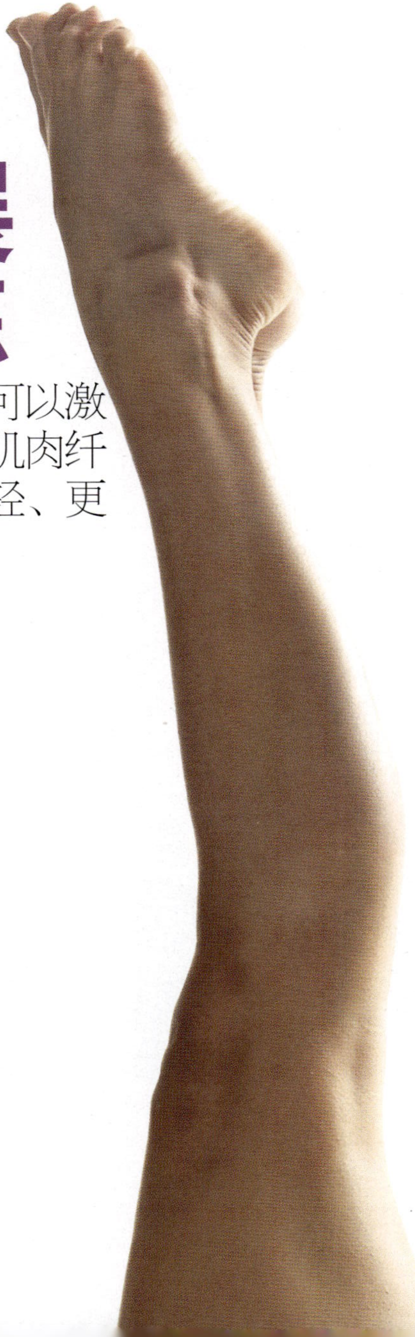

超快速伸展与力量训练！

近十年来，越来越多的女性报名参加瑜伽和普拉提训练班。真是让人欢欣鼓舞啊！这些越来越受欢迎的健身运动法不仅能塑身，练习后会让你感到全身舒畅。而且，瑜伽和普拉提都是塑身特效药，只要练习就可收效，即使你没有时间参加课程培训也没关系。本章的训练动作可以改善你的体形，消除肌肉疼痛和酸痛，让你拥有一个苗条、柔软度极佳的身体，所有这些仅需15分钟。

基本知识

你会发现，本书的大部分动作都属于动态伸展，这说明在你运动时，可以从多个方面拉伸肌肉。动态伸展能唤醒中枢神经系统，并促使血液流入肌肉组织内。在很多体育运动中，动态伸展是理想的热身运动。不过，你随时都可以做这些伸展运动，保持身体强壮，提高身体柔软度，减少受伤的可能。

快速浏览：你的15分钟伸展与力量训练

伸展出好身材

在力量训练后，你应该做什么呢？
A.洗个澡；
B.做伸展运动；
C.喝一杯蛋白质饮料。

以上三种答案都正确，但是只有一种能让你的力量增加3倍，那就是做伸展运动。根据《力量体能研究》杂志上的一项研究报告，志愿者每周进行三次力量训练。但其中一半人在训练后做两组背部伸展运动。8周后，额外做伸展运动的志愿者肌肉力量增加了3倍。为什么呢？乔治·梅森大学的杰森·温切斯特博士解释说：“因为伸展运动和力量训练一样，比如举重，会导致肌肉纤维撕裂，当你的身体修复它们的时候，组织会变得更强壮。”请在时间充裕的情况下，将本章的伸展运动加入到你的健身（如力量训练）计划中吧！

代谢美人瑜伽运动

请做好准备，进行以下超快速的瑜伽运动，唤醒燃烧脂肪的肌肉纤维，加快新陈代谢，塑造更性感的身材。

尽全力去做：

按顺序完成全部动作，先做右侧，再换成左侧。每个动作维持5~10次呼吸。然后再次重复这些动作，每个动作维持1次呼吸。将1次呼吸的系列动作重复6次。最后回到5~10次呼吸的动作，左右各重复3次。

下犬分腿式

A

- 做出俯卧撑的姿势，然后将臀部抬高，双脚往前移动，形成脸朝下的下犬式，双腿伸直，将脚跟压向地板。

B

- 右腿向后上方抬起并伸直，保持右脚弯曲勾紧。
- 想象自己正在将右脚推向天花板。

半鸦式抬腿

- 做出下犬分腿式的姿势，将右脚放低，右膝弯至右臂外侧，同时挺胸，将身体重心前移。
- 慢慢完成这个动作。
- 想增加动作难度，可将双肩往前移超出手腕的位置，手肘弯曲，试着踮起双脚，尽可能离开地面。

膝盖触前额式

- 做出下犬分腿式的姿势，慢慢放下右脚，同时提起上腹部和胯部，弓背，将右膝抬向前额，保持脚尖向后指，核心肌肉绷紧。
- 下颌向胸部内收，通过肩膀让上背部往前伸展。

武士III式

- 做出下犬分腿式的姿势，慢慢拉直左腿，移到双手间的位置。然后将双手抬离地面，将身体重心转移至左腿。
- 上半身往前倾，直到其与地面平行，将手臂向前伸。勾起右脚，脚尖指向地面。

瑜伽燃脂运动

这组动作难度大，将以新的方式唤醒每一个小肌腱，准备开始燃烧脂肪，增加力量和柔软度。

尽全力去做：

除非有特别的说明，每一个动作坚持5次深吸气和呼气，然后在身体对侧重复所有的动作。最后再重复全部动作，每侧做两次。

平板支撑

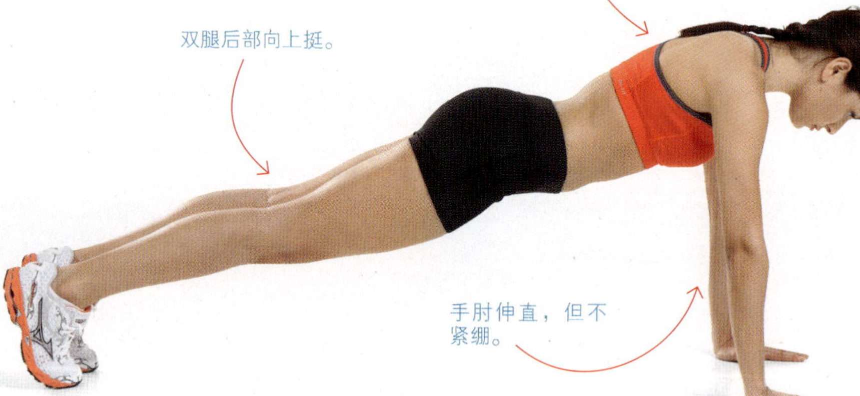

- 双手双脚着地。脚尖向下勾，双腿伸直，身体呈一条直线。
- 将双侧肩胛骨夹紧，头部向前伸展，脚跟往后伸展。

下犬式

70

据研究指出，在参加每周一次的瑜伽课并持续在家练习3个月后，有70%的人下背部疼痛减轻了。

- 做出平板支撑的姿势，双手手指张开，臀部向身体后上方抬高，双腿伸直。将双肩压向地板，颈部放松。双手用力压向地板。
- 双脚往前移动，将臀部向上拉，将脚后跟压向地板。

正确呼吸

为了从瑜伽练习中获得最佳效果，你需要掌握正确的呼吸方法。相对于短而快的呼吸，瑜伽呼吸应当长而深。呼吸练习可通过鼻子吸气时数四个数：先让腹部上提，数1；然后吸气让肺部充满空气，数2和3；然后提胸，数4。重复两遍后慢慢呼气。然后重复相同的动作。专注于呼吸有助于你更好地集中精神，消除杂念。

低位弓步

- 做出下犬式的姿势，右脚向前迈一大步。
- 腰部向前抬起，双手指尖按向右脚两侧的地板。
- 双膝微弯，左脚向后跨，形成低位弓步。左脚用力推，使臀部下蹲。

跟着流动走

温雅萨（Vinyasa），在梵语中喻为“流”，是瑜伽中较难的一种，因为练习时你必须从一个动作快速转为下一个动作。根据研究显示，通过流畅地转换动作，可以让你的心率进入“有氧地带”，每分钟可消耗9千卡的热量！

高位弓步旋转

- 左手向前伸直，右手向后伸直，上半身向右侧旋转。
- 肩膀放松，眼睛看向右手上方。

旋转三角式

- 左手伸下地面，指尖放在右脚外侧的地板上。肩膀向右侧打开，右手向上伸展。
- 左脚向前移动约30厘米，脚跟向地板使力，脚尖稍微偏向左侧。双腿伸直。

芭蕾式运动

芭蕾舞演员拥有令人惊羡的完美身材。但你知道她们是怎么练出来的吗？她们不会去健身房练习像深蹲那样的大幅度动作，而是练习小而紧凑的动作，让身体的微小肌肉长时间处于紧绷状态。这种练习的成果是拥有强壮、紧实、细长且柔软度很好的肌肉，特别是核心肌肉、臀部、胯部和手臂，都紧实得没有一丝赘肉。

尽全力去做：

这些动作需要在芭蕾训练场地的扶手上练习，但你也可以用一把椅子来代替。按照建议的重复次数依次完成这些动作，左右两边都要做。可以重复该系列动作1~2次。

站立式脚外转

- 双手放在横杆上（或者椅子、桌子上），双脚形成一个小V形。
- 右腿后伸（脚尖指向5点方向），右脚抬离地面。慢慢将脚抬高，然后放下，幅度约2.5厘米，持续进行30秒。
- 重复该动作，幅度更小，速度更快，时间约30秒。
- 然后绕一个小圈，就好比脚尖正在画一个扇形，时间约30秒，然后反向画圈30秒。
- 换左腿重复该动作（左脚尖应指向7点钟方向）。

剪刀式弯举

- 仰卧于地面，双肩和双腿提起，右腿抬高向上伸展，双手扶在右膝后侧。
- 慢慢将右腿向上、向下弯举30秒。
- 继续弯举，幅度更小，速度更快，约30秒。然后，将左手臂上抬至耳朵旁，继续弯举30秒。
- 然后将左手臂伸向右脚踝，弯举30秒。换左腿重复该动作。

平行伸展

- 站在支撑物旁边，右腿往前伸直，左膝微弯。
- 慢慢将右腿抬起再放下，幅度约2.5厘米，持续进行30秒。
- 继续该动作，幅度更小，速度更快，约30秒。
- 然后绕一个小圈，就好比脚尖正在画一个扇形，时间约30秒。然后反方向画圈30秒。换左腿重复该动作。

芭蕾式运动

半折叠式

- 将前臂放在支撑物上，额头枕在手臂上。
- 抬起右腿，脚背挺直，将脚跟带向臀部。脚跟向上、向下活动幅度约2.5厘米，持续进行30秒。
- 继续该动作，幅度更小，速度更快，约30秒。然后，腿伸直，上下活动幅度约2.5厘米，持续30秒。
- 继续该动作，幅度更小，速度更快，约30秒。然后换左腿重复该动作。

弯举腹部

- 坐下，双膝弯曲，右手扶住大腿后侧。
- 背部弓起（圆背），身体向地面下压，绷紧核心肌肉。
- 双手慢慢将腿上下一点点弯举30秒，上下幅度约2.5厘米。然后一只手弯曲举起，以指尖轻触耳朵。继续弯举30秒。
- 换成对侧手臂重复动作。最后，当上下弯举30秒时，双手弯曲，手指尖轻触耳朵。

高V形

- 站在支撑物旁边，双脚呈一个小V形。
- 踮起脚尖，双膝弯曲，臀部向下压。
- 身体慢慢上下移动30秒，幅度约2.5厘米。重复该动作，幅度更小、速度更快地上下移动，进行30秒。

双脚宽分下蹲

- 站在支撑物旁边，双脚分开超过肩宽，脚尖外转。
- 身体下蹲约15厘米。
- 身体慢慢上下移动30秒，幅度约2.5厘米。重复该动作，幅度更小、速度更快地上下移动，进行30秒。
- 膝盖弯曲，踮起脚尖，再放回地面，持续30秒。再以更快的速度重复动作30秒。

普拉提式运动

普拉提是一种神奇的健身运动，但是普拉提培训价格昂贵。以下提供的普拉提运动不需要花很多钱，却可以帮助你练出紧实的臀部、腹肌和修长的双腿。这些动作由纽约市身心工作室的创办人劳拉·皮斯基设计。

尽全力去做：

从第一个动作开始，每个动作重复8~10次，中间稍作休息或不休息。

药球美人鱼式

A

- 普拉提式坐姿，将一个药球放在身体左侧，左腿在身体前方弯曲，右腿在身后弯曲。将左手放在药球上，手肘微弯，然后右手向右侧伸展，与肩同高。

B

- 核心肌肉绷紧，将球尽可能远地向左外侧滚动，同时右手举过头顶。
- 坚持2~3秒，然后将球滚回起始位置。此为一个反复动作。完成所有的重复次数后，换身体另一侧重复该动作。

重复次数：每侧做8~10次。

普拉提后翻

A

- 脸朝上仰卧在地板或训练垫上，双手置于身体两侧，掌心向下，腿伸直。
- 抬起双腿，直至其与地板垂直，双脚勾起。

B

- 保持肩膀放松、双腿伸直，核心肌肉用力，抬起臀部，慢慢将双腿向头的后方伸展，越远越好，脚尖指向身后。
- 慢慢反向进行该动作，并回到起始姿势。此为一个反复动作。

重复次数： 8~10次。

药球上脚部运动

A

- 脸朝上仰卧，双手置于身体两侧，掌心向下，腿伸直。双膝弯曲，前脚掌放在药球顶部，脚跟并拢，脚尖稍微外转，形成一个小V形。

B

- 核心肌肉用力、臀部缩紧，将臀部抬离地面2.5厘米，然后用脚向外滚动球，直至脚跟踩在球上。
- 停顿一下，然后膝盖弯曲，将球滚回开始位置。此为一个反复动作。

重复次数： 8~10次。

普拉提式运动

药球上天鹅式

A

- 脸朝下俯卧在地板上，双腿向后伸直，分开与肩同宽，双脚稍微抬离地面。将一个药球放在胸部下方，前臂放在地板上，掌心向下，手肘贴着身体。

B

- 肩胛骨夹紧并下压，将手掌轻压地面，慢慢抬起头和胸部，同时伸展脊椎。
- 坚持2~3秒钟（想象在耳朵和脚尖之间尽可能拉出空间），然后回到起始姿势。此为一个反复动作。

重复次数： 8~10次。

背部和手臂划船上拉

A

- 坐在地上，双膝弯曲，双脚平放在地面上，分开与臀同宽。手臂在前方伸直。背部坐直，挺起胸部。

B

- 核心肌肉用力，尾骨向下弯，让上背部慢慢下降成45度角。
- 同时，手臂弯曲，将手臂拉向身体，双手变握拳并拉向肩膀，与下颌同高。
- 停顿一下，然后反向完成该动作，并回到起始姿势。此为一个反复动作。

重复次数： 8~10次。

后方和前方滚球式

A

- 坐在地上，双腿在前方伸直，双脚勾起。双手将药球在身体前方抱至胸部高度，手臂伸直。保持胸部、背部挺直。

B

- 核心肌肉与臀部肌肉收紧，然后背部慢慢往后躺，直至平躺在地面上，球在正上方。
- 从这个姿势开始，将下颌收向胸部，然后慢慢起身，回到起始姿势。此为一个反复动作。

重复次数： 8~10次。

美人鱼式旋转

A

- 左侧臀部坐在地上，左腿平放在地面上，膝盖弯曲成90度，左掌心放在地面上。
- 右膝向天花板方向弯曲，右脚平放在左脚前的地面上，右臂放在右膝上。

B

- 将身体重心转向左手，双腿伸直，将臀部拉向天花板，同时右手伸展至头的正上方。

C

- 从这个姿势开始，身体向左下方旋转，右手在身体下方伸展。
- 反向完成该动作，并回到起始姿势。此为一个反复动作。完成所有的重复次数后，换至对侧重复该动作。

重复次数： 8~10次。

药球协调度运动

A

- 脸朝上仰卧在地面上，臀部和膝盖弯曲呈90度，双手握住一个药球，手臂伸直。
- 手肘弯曲，将药球带向胸部，双手紧握药球。

B

- 腹肌绷紧，手臂向前伸直，肩膀向上抬离地面，伸直双腿。
- 坚持1或2秒，然后反向完成该动作，回到起始姿势。此为一个反复动作。

重复次数： 8~10次。

优雅姿势运动

姿势不良有损你的腰部（弯腰驼背会导致腹部向外突出），健身效果会大打折扣。（身体结构不对称会导致肌肉由于受力不均而产生疼痛。）以下运动可以加强上背部和肩膀肌肉，扩展胸部和臀部。

尽全力去做：

以下这些动作来源于舞蹈、普拉提和瑜伽，以及传统的力量和伸展训练。你需要一次完成所有动作，中间不休息。重复该系列动作3次。

泡沫轴上的雪天使

A

- 仰卧在一个90厘米长的泡沫轴上，脊椎完全置于其上。双膝弯曲，双脚平放在地面上，掌心向上，手臂伸直。

B

- 肩膀不要抬起，慢慢用15秒的时间将双手沿着地板向上拉，就好像你在做雪天使[译者注：人躺在雪地里，双臂和腿伸直，不停地开合挥舞，其间双臂和双腿都不离开地面]的游戏，直至双手超过头顶，或者离开地面。
- 坚持5~10秒，然后花15秒的时间将双手拉回到起始姿势。此为一个反复动作。如果你感到某个部位特别僵硬，在该部位上停顿10~15秒，然后继续动作。

你也可以躺在博速球上完成该动作。

重复次数：3~5次。

芭蕾手臂运动

A

- 双脚分开站立，与臀同宽。核心肌肉绷紧。保持肩膀不抬高，将双手伸过头顶。

B

- 身体向前弯曲，双手向前伸直，同时保持背部平坦。在姿势不变形的条件下，尽可能远地向前伸展。

C

- 核心肌肉再次用力，站起，手臂仍旧高举，身体轻微后仰。

重复次数：8次。

立即提升能力

某个部位特别僵硬时，应该怎么办？

在运动中，你应该关注僵硬的部位，并多花2倍的时间来伸展这些部位。中央阿肯色州大学的物理治疗教授比尔·布兰迪说，“关注有问题的部位，而不是已经很灵活的部位”，女性的典型问题部位包括大腿后肌群、肩膀和下背部。

优雅姿势运动

普拉提X式

A

- 以腹部贴地趴在地上，双手和双腿向外伸展，身体呈X形。

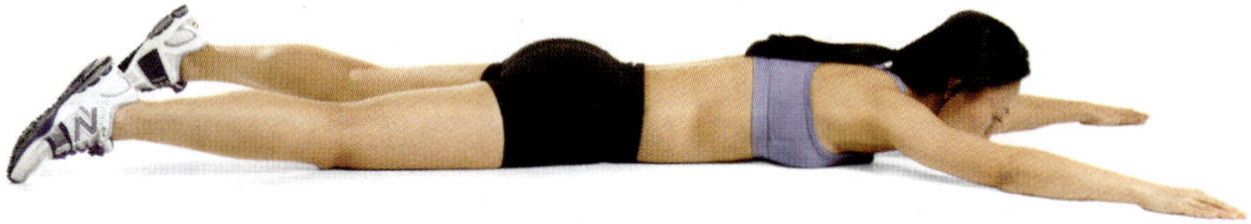

B

- 腹肌用力，肩膀放松。吸气，并将双手和双腿抬离地面，确保腿部抬高的高度超过双手。呼气，手肘向腰部弯曲，双腿并拢。

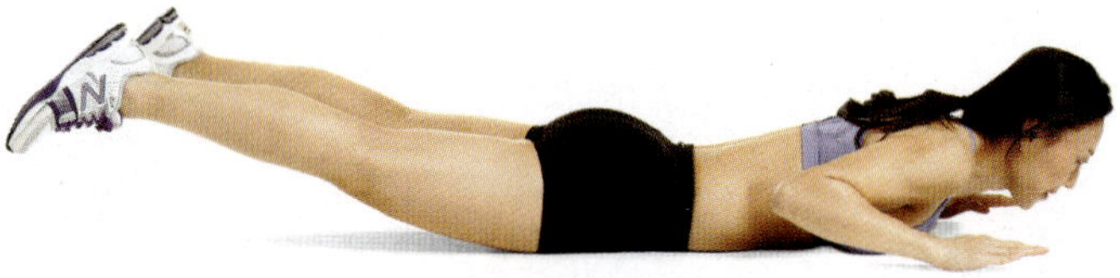

重复次数： 6~8次。

耸肩运动

A

- 双手各握一个2~7公斤的哑铃，双脚分开站立与臀同宽。

B

- 双手置于身体两侧，将双肩提向耳部。坚持5秒钟，然后放下。

重复次数： 重复做1分钟。

侧姿势运动

小提示：做这个动作时，如果背部靠墙，效果会更好。

A

- 双脚分开约120厘米，左脚尖向外转90度。
- 背部始终保持平直，双手向外伸展，掌心向下，位于肩膀高度。

B

- 左膝弯曲，直到位于脚踝上方。自腰部向左侧弯曲，将左手放在左脚外侧（如果你无法触碰地面，可以将手放在脚踝上）。
- 右手在耳部上方伸展，下颌转向右腋窝。
- 眼睛往上看，做5次慢呼吸。回到起始姿势，并换身体另一侧重复动作。此为一个反复动作。

重复次数：5次。

瑜伽泡沫轴运动

如果运动的时间长了，你可能会遭遇大麻烦——你的肌肉会结成块状，造成僵硬和酸痛。泡沫轴可以帮助你松开这些结，就像做自我按摩，不仅可以消除硬块，还能伸展肌肉，立刻缓解症状（泡沫轴的费用可比找按摩师便宜多了）。

尽全力去做：

按照以下指导，让身体的各个部位在泡沫轴上滚5~10分钟。如果某一部位感到特别疼，可以试试以下方法：在该部位下方开始，将泡沫轴往上滚到该处，坚持几秒钟，然后再继续滚动。

小腿运动

A

- 坐在地板上，双腿向外伸直，双手放在身后的地面上支撑身体重量。将泡沫轴放在膝盖和小腿肌中间。

B

- 沿着小腿后方，从膝盖到脚踝间来回滚动。

重复次数：5~10分钟。

大腿后部运动

A

- 坐在地板上，将右腿放在泡沫轴上，左膝弯曲，双手放在身后的地板上。

B

- 在膝盖和左臀部后方上下滚动泡沫轴。

重复次数： 每条腿做5~10次。

股四头肌运动

A

- 脸朝下俯卧在地板上，将泡沫轴放在臀部下方。

B

- 左腿靠在泡沫轴上。

C

- 在臀部与膝盖之间来回滚动泡沫轴。

重复次数： 每条腿做5~10次。

瑜伽泡沫轴运动

上背部运动

A

- 坐在地板上，泡沫轴放在身后。双手指尖交叉放在头后，上背部靠在泡沫轴上。

B

- 腹肌和臀部肌肉绷紧，让泡沫轴在肩膀和中背部之间来回滚动。

重复次数： 5~10次。

臀部和大腿外侧运动

A

- 身体侧卧，泡沫轴置于左臀下方。

B

- 为保持平衡，绷紧腹肌和臀部肌肉，让泡沫轴慢慢从臀部滚到膝盖处。然后换另一条腿重复动作。.

重复次数： 每条腿做5~10次。

肩膀和侧身运动

A

- 身体左侧卧于泡沫轴上，泡沫轴位于腋窝下方。

右脚交叉于左脚前
作为支撑。

B

- 为了保持平衡，绷紧腹肌和臀部肌肉，让泡沫轴从腋下滚到肋骨底端。然后换身体另一侧重复动作。

重复次数：每侧做5~10次。

臀部（梨状肌）运动

小提示：梨状肌位于臀部深处，负责将胯关节向外旋转。如果梨状肌太紧绷，可能会压迫坐骨神经，造成下背部或双腿疼痛和麻木。做这个伸展运动有助于改善相关情况。

A

- 坐在泡沫轴上，左脚交叉放于右膝上，身体向左臀部方向倾斜，以双手支撑身体。

B

- 让臀部慢慢在泡沫轴上移动。然后换身体另一侧重复动作。

重复次数：每侧做5~10次。

第十六章：15分钟瘦身饮食计划

健康饮食需要具备三个条件：
正确的食材，最好的烹调器具，美味的食谱。
所有这些，本章内容可以一次性满足你的要求。

一般情况下，当论及营养时，健康的饮食往往需要花很多时间做准备。但是，快速填饱肚子的饮食方法很多，并非只能在快餐店解决。在第三章中，你已经了解了超快速减肥饮食的内容。但是知道吃什么和实际上吃到什么却是两个概念。这就是为什么我们会增加本章来指导你如何用食物战胜脂肪——本章将真正告诉你如何吃，吃什么。使用正确的烹饪器具，加上恰当的饮食计划，可以帮助你超快速健康瘦身。

超快速厨房大变样

时间对多数工作忙碌的女性来说，非常宝贵。要闪电般地做出美味料理，你需要把厨房收拾得整齐有序。所有的厨房用具放在正确的位置。只进行以下 15 分钟厨房大变样法，就能做出快速又健康的料理，而烹煮这些食物比叫外卖还省时间。

清空库存食物

你的 15 分钟厨房大变样的第一步是清空冰箱、橱柜和食品储藏柜。我们要求你毫不留情地扔掉美味的食物（对你有害），无论拆封与否！这一步的关键在于除掉你的所有诱惑。因为，如果家里没有奇多（译者注：一种膨化食品），当你想吃零食时没办法吃到。所以，拿出一个大垃圾袋，让我们马上开始吧：将所有的甜食如糖果和曲奇装进袋中，并丢进垃圾箱。如果你舍不得丢掉价值 30 美元的高迪瓦巧克力，那至少把它藏起来，放在一个平常不容易看到的地方。甚至更好的做法是，在藏起来前，将它们放在一个不透明的容器中。相关研究发现，当把甜食放在一个不透明的容器中时，人们少吃了很多甜食。事实上，在伊利诺斯大学的一项研究中，当把巧克力放在视线外稍微不太方便（如在桌子抽屉里）的地方而不是平常触手可及的地方时，上班族的巧克力食入量就减少了 25%。

你是否已经戒掉了蛋糕甜点和烘烤食品？很好。然后找出白面包、白米和意大利面、盒装和罐装意大利餐，以及其他精加工食品。不易腐坏的罐头可以捐给本地的慈善机构，如果汁和苏打饮料。扔掉家里所有的含糖饮料。要记住，如果这些东西不在的话，你就没有机会吃到或喝掉这些东西。

准备行动

好了，你的垃圾袋现在已经装满，食品柜也空空如也了，但是在你的 15 分钟厨房大变样中还剩下 5 分钟。现在，请把注意力放在烹饪器具上。如果你需要花 10 分钟去塞满东西的抽屉内翻出一个量杯，那你就不可能快速地准备好一餐。现在就抓紧时间去找出下面的东西并把它们放在操作台上或者橱柜中容易拿到的地方吧，这样你可以在料理时快速拿到这些工具。

砧板：切水果、蔬菜、肉片，以及常见的食物准备。

刀具：至少需要一把上好的厨师刀。必须要锋利！一流的厨师都知道，钝刀是危险刀具。在你的刀具架上再准备锯齿刀和削皮刀。

量杯和量勺：它们有助于你按照食物分量烹饪。

过滤盆：用来冲洗蔬菜。

搅拌机/食品料理机：可以将冰制成冰沙，将蔬菜水果原料制成果泥、果汁或果酱，绞肉或切碎坚果。

刨丝器：用来刨奶酪丝，当然还可以刨切姜丝以及其他调味品。（我们也建议你准备磨泥器用于蔬菜磨泥等。）

隔热手套：用于手拿热的厨具。

弹性尼龙铲：不会刮坏你的不粘锅。

夹钳：不锈钢制品，对于不粘锅，还有两端包裹尼龙夹钳。

木勺：用于搅拌和品尝酱汁。

胡椒研磨器：没有什么东西比新鲜研磨的胡椒撒在肉上的味道更鲜美了。

喝水也能变瘦！

把你的罐装零卡路里饮料换成凉开水吧。犹他州大学的研究人员发现，每天喝8~12杯330毫升水的人比每天仅喝4杯水的人代谢率要高。匹兹堡医学中心体重管理中心的创始人麦德林·弗尔斯托博士说：喝凉开水时，身体会消耗一些热量，以便将凉开水加温到人体的体温。尽管喝一杯水消耗的热量很少，但养成这个习惯可以让你毫不费力地减掉一些体重。

你的主要食材：
将以下健康食品填满你的冰箱和橱柜

优质蛋白质	低淀粉蔬菜*		天然脂肪
牛肉	朝鲜蓟	大叶蔬菜	奶油
奶酪	芦笋	蘑菇	坚果与种子
鸡蛋	白菜	洋葱	橄榄、橄榄油和菜籽油
鱼	西兰花	辣椒	全脂沙拉调味品
猪肉	抱子甘蓝	萝卜	
禽类	胡萝卜	菠菜	
大豆	花椰菜	西红柿	
乳清和酪蛋白	芹菜	芜菁（大头菜）	
蛋白粉	黄瓜	西葫芦	

**除了土豆、豌豆和玉米，任何蔬菜都可以。*

15道塑身燃脂美味料理，15分钟内就搞定！

让我们先把话说清楚：以下食谱不会让你变身“美食网明星”（译者注：美国的一个电视节目）。但是它会让你吃得更健康和轻松减肥。你不会在厨房待上数个小时让面粉沾得满身都是。嗯，是的，最重要的是，这些食品很美味。这点我们敢保证！

本着简单、迅速的宗旨，我们设计了15道营养食谱，每一道食谱只花15分钟就搞定。如果想做点变化，或者你有空在厨房多花些时间的话，可以参考《腹肌革命减肥食谱》。书中同样采用与本书相同的健康食材，食谱却多于200种。现在不妨先拿出一个盘子，让我们试试以下料理吧！

早餐

绿色煎蛋卷

2枚大鸡蛋
2个蛋白
1汤匙牛奶
1茶匙黄油
¾杯嫩菠菜，冲洗过
¼杯低脂切达干酪
研磨的黑胡椒

- 将鸡蛋打在碗中和牛奶一起搅拌均匀。
- 将黄油放在平底锅中，用中火加热融化。倒入鸡蛋煎至成形。
- 撒上菠菜和碎干酪，烹制一分钟；然后，用抹刀或尼龙铲将之卷成蛋卷。
- 将鸡蛋完全煎熟。
- 用盐和胡椒调味，然后装盘。

此为1人份。

每份营养标示：热量260千卡，蛋白质23克，碳水化合物4克，脂肪15克（含饱和脂肪7克），纤维素1克。

超快速饱腹轻食

¼杯茅屋芝士
½杯新鲜蓝莓
1汤匙碎胡桃

- 将所有材料混合为一份。

此为1人份。

每份营养标示：热量198千卡，蛋白质10克，碳水化合物14克，脂肪12.5克（含饱和脂肪2.5克），纤维素3克

高能量燕麦粥

1杯燕麦片
1杯低脂奶
½杯冷冻草莓
一小撮食盐
1茶匙糖（可不加）
少许肉桂粉
1勺香草乳清蛋白粉

- 将燕麦片和牛奶混合放在微波碗中。
- 微波炉中加热1分钟，搅拌一下，然后微波炉再加热1分钟。
- 放置1分钟冷却，加入蛋白粉、食盐、肉桂和糖。

此为1人份。

每份营养标示：热量585千卡，蛋白质43克，碳水化合物80克，脂肪11克（含饱和脂肪3.6克），纤维素10克。

吃到更多膳食纤维的10种方法

根据美国农业部的建议，每天摄入膳食纤维的黄金分量为20~35克。但我们很少达到这个标准。为了摄取这些提供饱足感、降低胆固醇、促进代谢的膳食纤维，可以试试以下小窍门：

1.在沙拉中撒入一些鹰嘴豆。半杯鹰嘴豆即可提供6克纤维素。
2.将半把浆果加入到原味或香草酸奶中。半杯浆果可以提供4克纤维素。
3.下次烘烤土豆的时候，记得把土豆皮吃掉。可提供2克纤维素。
4.将加了黑豆或芸豆的调味酱加入到薯条和沙拉中。
5.28克（约一把）杏仁、花生或葵花籽可提供2~4克纤维素。

下接第380页

6.吃一口苹果，上面抹上一些杏仁奶油，然后再吃一口，重复到吃完苹果为止。

7.将小扁豆加入汤中。1/4杯小小的豆子就可提供11克纤维素。

8.吃2杯低脂爆米花可以增加2克纤维素。

9.将一整个橘子放入到搅拌机中，调出早餐冰沙。（呃，记得先剥皮。）一个橘子可比含果肉的橘汁多提供3克纤维素。

10.在你最喜欢的意大利面酱汁中加入1/2杯冷冻的碎菠菜。菠菜的味道将和酱汁完美融合，并补充多于2克的纤维素。

午餐与甜点

意大利风味一口吃

2片薄饼
4片意大利熏火腿薄片
6片罗勒或嫩菠菜叶
2片成熟的西红柿片
2片部分脱脂马苏里拉奶酪（约56克）
1茶匙初榨橄榄油
研磨的黑胡椒，用来调味

- 每片薄饼放上2片意大利熏火腿片、3片罗勒叶、1片西红柿片和1片马苏里拉奶酪片
- 淋上橄榄油，并搭上磨好的黑胡椒。

此为1人份

营养标示：热量409千卡。蛋白质23克，碳水化合物15.5克，脂肪26.5克（含饱和脂肪5.3克），纤维素3克

辣味吞拿鱼三明治

⅛杯蛋黄酱
¼茶匙山葵酱
110克罐装吞拿鱼
4片全麦面包
2片薄洋葱片
2片薄红椒圈，去籽
½杯牛油果，切片
¼杯腌渍生姜，切片
4片长叶莴苣叶

- 将蛋黄酱和山葵酱放在一个小碗内混合均匀。用叉子将吞拿鱼放入碗中，与酱汁混合均匀。
- 将等量的辣味吞拿鱼酱抹在两片面包上。
- 酱汁涂抹完后放上洋葱片、辣椒圈、牛油果、一些姜片和2片莴苣叶。然后放上面包片。

此为2人份

每份营养标示：热量315千卡。蛋白质22克，碳水化合物35克，脂肪10克（含饱和脂肪2.3克），纤维素7克

美味皮塔比萨

¼杯墨西哥莎莎酱
1个全麦皮塔饼
¼杯熟火腿，切成小粒
¼杯马苏里拉奶酪，切碎备用。

- 用一把勺子将莎莎酱抹在薄饼上。
- 然后放上火腿颗粒和碎马苏里拉奶酪。
- 将皮塔饼放在一个微波炉盘上，然后在微波炉内加热几秒钟，直到奶酪融化。

此为1人份。

营养标示：热量360千卡。蛋白质23克，碳水化合物39克，脂肪13克（含饱和脂肪5.5克），纤维素5克。

不含淀粉的美味比萨

1个大的蘑菇
1汤匙浓意大利面酱
½杯马苏里拉奶酪
5片薄意大利熏火腿

- 去除蘑菇蒂头，并清掉蘑菇表皮的菌褶，为酱汁和奶酪预留更多空间。
- 将蘑菇倒过来摆在涂油的烤盘上，然后在预热好的烤箱上烤4分钟以去掉一些水分。
- 将烤盘拿出烤箱，在蘑菇上放意大利面酱、切丝的马苏里拉奶酪和意大利熏火腿片。
- 然后放回烤箱继续烤10分钟，或者烤至奶酪完全融化。

此为1人份。

每份营养标示：热量235千卡。蛋白质19克，碳水化合物10.6克，脂肪13.6克（含饱和脂肪6.6克），纤维素2.3克。

冰沙

强力抗氧化饮品

1包绿茶
1茶匙蜂蜜
1½ 杯冰冻蓝莓
½根熟香蕉
¾杯香草豆奶

- 用开水和茶包泡一杯茶。去掉茶包，加入蜂蜜搅拌。
- 将茶晾凉。然后将5汤匙茶水和蓝莓、香蕉、豆奶加入搅拌机中。
- 将食材搅拌成果昔。

此为2人份。

每份营养标示：115千卡。蛋白质5克，碳水化合物30克，脂肪1克（含饱和脂肪0克），纤维素3克。

酸甜卡布代基里奶昔

½杯牛奶
2汤匙低脂原味酸奶
¼杯浓缩橙汁
½根熟香蕉
¼杯草莓
½杯杧果块
2茶匙香草乳清
3个冰块

- 在搅拌机中加入牛奶、酸奶、浓缩橙汁、香蕉、草莓、杧果、乳清和冰块，搅拌成糊。

此为2人份。

每份营养标示：热量154千卡。蛋白质7克，碳水化合物31克，脂肪1克（含饱和脂肪0.5克），纤维素2克。

食谱来源：《腹肌革命减肥食谱》

做个蛋白质女孩

以蛋白质为主的饮食，有助于生长和维持细长的肌肉组织。伊利诺斯大学的教授唐纳德·雷曼博士说：肌肉比起脂肪组织会燃烧更多的热量，即使是在休息的时候也如此。请在每餐摄取30克蛋白质，分量大约为1杯低脂茅屋芝士或110克无骨鸡胸肉。

晚餐

腌牛肉卷心菜

烹制这道晚宴，准备时间不超过15分钟。

8个小的红皮土豆（保留土豆皮）。
4根中等大小胡萝卜切半
3瓣大蒜
1汤匙红糖
1片月桂叶
2.5斤腌制牛腩肉
3杯水
1瓶健力士黑啤
1个切成四块的卷心菜

- 将土豆、胡萝卜（先别放卷心菜）、大蒜和月桂叶放进锅中。
- 将腌牛肉放在蔬菜上，并倒入水和啤酒，没过牛肉。
- 盖上盖子，小火加热，最多10小时。
- 在出锅前1小时放入卷心菜。
- 将牛肉和蔬菜盛在一个大盘中。
- 去掉月桂叶。食用时配以芥末和辣根。

此为8人份。

营养标示：热量350千卡。蛋白质19克，碳水化合物23克，脂肪17克（含饱和脂肪6克），纤维素4克。

奶酪羊肉汉堡

1斤碎的羊肉
100克烟熏马苏里拉奶酪
4大片长叶莴苣叶
盐和胡椒，用来调味

- 将马苏里拉奶酪切成4块。
- 把羊肉末放在切好的奶酪上，制成汉堡馅料。
- 将馅料放在烤箱中，每面烤4分钟。
- 以长叶莴苣叶包裹后即可食用。

此为4人份。

每份营养标示：热量397千卡。蛋白质26克，碳水化合物2克，脂肪31克（含饱和脂肪14.5克），纤维素1克。

亚洲风味炭烤吞拿鱼串

亚洲风味酱的制备（预先烹制）

¼杯低盐酱油
½杯海鲜酱油
½茶匙芝麻油
½茶匙糖
2瓣大蒜末
1茶匙鲜姜末

- 将所有酱料放在炖锅中，中火加热直到冒泡。
- 冷却，然后储存在密封罐中，放入冰箱冷藏，可存放2个星期。

烤肉串部分

1斤吞拿鱼排。
12个白蘑菇
12个圣女果
6根5厘米长的大葱段
4根竹签或木签

- 将烤肉串浸在水里30分钟。
- 吞拿鱼切成块，每块稍大于一口大小。
- 将吞拿鱼块和蔬菜分成4份，并将鱼和蔬菜串在竹签上。
- 用亚洲风味酱刷在肉串上。放在烤箱中或上火烤6分钟，中间翻转一下，并在烧烤2分钟时刷上剩余的酱汁。

此为4人份。

每份营养标示：热量220千卡。蛋白质30克，碳水化合物14克，脂肪5克（含饱和脂肪0.5克），纤维素2克。

法式炖菜

1根中等大小的茄子，去皮，切成每块2.5厘米大小
1个大西葫芦，切成每块2.5厘米大小
1个中等大小红皮洋葱，切碎
1个红彩椒，去籽，切成5厘米大小的片
1个黄彩椒，去籽，切成5厘米大小的片
½中等大小的球茎茴香，去芯，切成薄片
1罐（420克）切块番茄
1汤匙橄榄油
1½茶匙牛至
½茶匙粗盐或海盐
¼茶匙新鲜现磨黑胡椒

- 烤箱预热到500度。
- 将烹饪油涂在烤盘上。
- 将茄子、西葫芦、洋葱、红黄椒、茴香和番茄放在烤盘中。
- 淋上橄榄油，并撒上牛至、盐和胡椒。
- 烧烤15分钟或直至蔬菜变软，其间偶尔搅拌一下。

此为4人份。

每份营养标示：热量127千卡。蛋白质3.5克，碳水化合物19克，脂肪4克（含饱和脂肪1克），纤维素7克。

晚餐沙拉

本沙拉富含增长肌肉的蛋白质以及优质碳水化合物，脂肪。上述三种营养，每种约30克。可以将吃剩下的一些烤牛肉入菜，几分钟内即可享用。

110克烤无骨牛排或烤腹肉牛排
2杯切碎的长叶莴苣
1个全熟的煮鸡蛋，切半
6枚圣女果，切半
¼个牛油果，切片
1汤匙蓝纹奶酪，弄碎
1杯蜜豆，蒸熟，切半
1汤匙初榨橄榄油
1条预先料理的培根，加热备用

- 将所有食材混合均匀。

此为1人份。

每份营养标示：热量650千卡。蛋白质49克，碳水化合物32克，脂肪35克（含饱和脂肪13.5克），纤维素8克。

健康新选择：如果想降低热量的摄取，仅吃掉一半的沙拉，配一碗汤，将剩下的食物留作第二天的午餐。

柠檬甘蓝

1包448克的冷冻小球抱子甘蓝
1汤匙黄油
1茶匙初榨橄榄油
½茶匙碎柠檬皮
1茶匙柠檬汁
盐和现磨胡椒，用来调味

- 将抱子甘蓝放入大锅中，加¼杯水。加热至沸腾后盖上，转为小火煮10分钟，直到甘蓝变软。
- 当煮抱子甘蓝时，在一个炖锅中加热一汤匙黄油，直至完全溶解。
- 将橄榄油、碎柠檬皮和柠檬汁一起翻炒。
- 沥干抱子甘蓝的水分，用柠檬黄油拌匀。用盐和现磨胡椒调味。

此为4人份。

每份营养标示：热量187千卡。蛋白质3克，碳水化合物8克，脂肪16克（含饱和脂肪8克），纤维素3克。

快速提升能力

运动后喝牛奶可补充能量

牛奶是健身后的营养饮品。其有助于脂肪燃烧。《运动和训练医学与科学》杂志的一项研究表明，运动后饮用脱脂牛奶的女性12周内减掉了2公斤的脂肪。而健身后饮用运动饮料的女性体重却增加了。牛奶中的蛋白质可以提高身体消耗热量和增长肌肉的能力。

黑版贸审字 08-2014-001号

图书在版编目（CIP）数据

15分钟练出完美线条 / (美) 耶格尔著；祝宁译.
—— 哈尔滨：北方文艺出版社, 2014.5
ISBN 978-7-5317-2613-5

Ⅰ.①1… Ⅱ.①耶… ②祝… Ⅲ.①女性－健身运动－基本知识 Ⅳ.①G831.3

中国版本图书馆CIP数据核字(2014)第032185号

15分钟练出完美线条

作　　者　(美) S. 耶格尔
译　　者　祝　宁
责任编辑　王金秋
出版发行　北方文艺出版社
地　　址　哈尔滨市道里区经纬街26号
网　　址　http://www.bfwy.com
邮　　编　150010
电子信箱　bfwy@bfwy.com
经　　销　新华书店
印　　刷　北京缤索印刷有限公司
开　　本　889×640　1/24
印　　张　16.5
字　　数　200千
版　　次　2014年5月第1版
印　　次　2014年5月第1次
定　　价　65. 00元
书　　号　ISBN 978-7-5317-2613-5

85套超快速健身法
433种超有效的运动
每次只要
15分钟
让你轻松练出
一身肌！
男模都在偷练的
肌力训练
健身专家精心设计的85套健身计划、433种锻炼全身肌肉的训练，由Todd Trofimuk、Andy Speer、Kyle Fields等知名男模亲自示范，可帮助你：
● 甩掉脂肪、增长肌肉。
● 燃烧更多卡路里。
● 穿衣服更合身。
● 保持年轻。
● 睡眠品质更佳。
● 肢体更柔软、骨骼更强健。
● 性生活更美满。
● 心情更愉快。
● 思考更敏捷、抗压性更高。
● 预防心脏病、糖尿病与癌症。
8小时
6块肌
男模都在偷练的肌力训练
THE MEN'S HEALTH
美国专业男模
亲自示范
8小时
6块肌
陈楚翔
吴民凡
杨浚泯
邱柏学

全美畅销书
男人
没有你练不到的肌肉！
619 种绝对有效的练肌方法
甚至不用器材，在办公室就能做！
Adam Campbell
[美] 亚当·坎贝尔 著
章晋唯 译
四周练出一身肌肉
619种绝对有效的练肌肉方法
THE Men's Health BIG
男人，没有你练不到的肌肉
本书将引领你打造一个全新的身体！
★全美畅销书，雄踞亚马逊书店畅销榜长达一年半！
甚至不用器材，在办公室就能做！
浙江科学技术出版社
全球最棒的4周饮食和重训计划
30 天甩掉
4.5 公斤脂肪！
本书特色：
· 103 种背部运动
· 100 多种核心肌训练动作
· 99 种四头肌和小腿肌肉运动
· 74 种二头肌、肱三头肌以及上臂运动
· 64 种方式增加你的手臂厚度
· 64 种让手臂更健壮的方法
· 64 种胸部运动
· 62 种臀肌以及掴绳肌运动
· 40 种肩膀运动
· 25 种保持身材紧实的超棒零食
· 10 种 15 分钟燃烧腹部脂肪的重训计划
· 10 星期内变成跑步冠军
· 8 星期内让卧推成绩进步 11 公斤
· 8 种你没吃过的健康食物
· 8 周内增加仰卧挺举 50 磅重量
· 7 种你可以吃的肥滋滋美食
· 6 周内让你引体向上进步 3 倍
· 6 星期内伏地挺身次数上翻三倍
· 4 种意想不到的滋补肌肉食物
· 4 分钟搞定史上最快的心肺训练
· 全球最棒的 4 周节食运动计划
· 打破 5 大营养迷思
雄踞 Amazon.com 畅销榜长达一年半！